Ghazi Abdel-Qadir

Die sprechenden Steine

Roman

Mit einem Nachwort von
Susann Heenen-Wolff

BELTZ
& Gelberg

Die sprechenden Steine wurde für den
Deutschen Jugendliteraturpreis nominiert.

Gesetzt nach der neuen Rechtschreibung

Gulliver Taschenbuch 283

Einband und Reihenkonzeption von Federico Luci
Gesamtherstellung Druckhaus Beltz, 69494 Hemsbach
Printed in Germany
ISBN 3 407 78283 7
1 2 3 4 5   02 01 00 99 98

Gulliver Taschenbuch 283

Ghazi Abdel-Qadir, geboren 1948 in Palästina, musste als 16-jähriger die Schule abbrechen, um in Kuwait durch seine Arbeit als Hotelboy, Bauchladenverkäufer, Briefeschreiber, Kellner und Restaurantbesitzer zum Familienunterhalt beizutragen. Später holte er das Abitur in Jordanien nach und studierte u.a. Germanistik, Anglistik, Ev. Theologie und Islamwissenschaft in Bonn und Siegen, wo er auch Lehrbeauftragter war. Seit 1988 lebt er als freier Schriftsteller in Siegen. Im Programm Beltz & Gelberg erschienen von ihm außerdem *Abdallah und ich* (Friedrich-Gerstäcker-Preis; Auswahlliste zum Deutschen Jugendliteraturpreis) und *Sulaiman*.

Susann Heenen-Wolff studierte in Jerusalem und in Frankfurt/M. Danach machte sie eine Ausbildung als Gruppenanalytikerin und Psychoanalytikerin in Heidelberg und Paris. Heute lebt sie in Brüssel, wo sie in ihrem Beruf und als freie Schriftstellerin tätig ist. Zu ihren Veröffentlichungen zählen *Erez Palästina. Juden und Palästinenser im Konflikt um ein Land* sowie *Im Haus des Henkers. Gespräche in Deutschland*.

Inhalt

Der Besuch des Schulinspektors

»Kinder, seid mal ganz still! Ich glaube, ich habe das Auto des Schulinspektors gehört!« Unser Geschichtslehrer unterbrach seinen Vortrag über Palästina zur Zeit der Kreuzzüge und lief zum Fenster. »Richtig, gerade steigt er aus. Also will er uns mal wieder einen Besuch abstatten.« Seine Stimme wurde leise und eindringlich: »Hört gut zu, wenn der Schulinspektor euch gleich etwas über Palästina oder Israel fragt, dann sagt, dass wir das noch nicht behandelt haben. Und wenn er wissen will, was ihr in der letzten Unterrichtsstunde gelernt habt, dann sagt: Hannibal und die Punischen Kriege.«

Das stimmte auch, über Hannibal hatte unser Lehrer am Ende der letzten Stunde kurz gesprochen. Offiziell, also dem Lehrbuch nach, waren wir nämlich beim Römischen Reich. Unser Geschichtslehrer erzählte uns aber öfter Sachen aus der palästinensischen Geschichte, die im Lehrbuch überhaupt nicht vorkamen. Er war der Meinung, dass vieles, was wir lernen mussten, zwar gut und wichtig sei, aber noch wichtiger sei es für uns, über unsere Heimat Bescheid zu wissen.

Eigentlich ist Geschichte ja nicht jedermanns Sache, doch unser Lehrer schaffte es immer wieder, die langweiligsten Begebenheiten in spannende Erzählungen zu verwandeln. Wir hörten dann auch alle aufmerksam zu, na ja, bis auf Mahmud. Aber den konnte außer Sport sowieso nichts begeistern.

In der letzten Stunde hatte unser Lehrer uns von Saladin erzählt und wie der die Kreuzritter besiegt und Jerusalem von ihnen befreit hat.

»Also, kein Wort über Saladin, verstanden?«, schärfte der Geschichtslehrer uns jetzt noch mal ein. »Was ich euch über ihn erzählt habe und über den vierten Kreuzzug, das vergesst einfach. Tut so, als ob ihr noch nie etwas davon gehört hättet. Sonst macht uns der Schulinspektor wieder die Hölle heiß, wie letztes Mal.« Da war der Inspektor nämlich ganz unverhofft in unser Klassenzimmer hereingeplatzt, gerade als wir den palästinensischen Freiheitskämpfer Iz d-Din l-Qassam behandelten. »Habt ihr mich verstanden?«

»Jawohl, Herr Lehrer«, antworteten wir einstimmig.

Dieses »Jawohl, Herr Lehrer« kam wirklich von Herzen, denn wir mochten ihn alle gut leiden. Nicht nur, weil er so spannend erzählen konnte, sondern auch, weil er einer der nettesten Lehrer der Schule war.

Dann wechselte er sofort das Thema und wir waren wieder beim Römischen Reich. Doch diesmal war keiner von uns so richtig aufmerksam, denn wir lauschten alle angestrengt, ob wir schon Schritte auf dem Flur hören konnten.

»Jetzt kommt jemand«, flüsterte Taufiq, der direkt bei der Tür saß.

Unser Lehrer holte tief Luft, und gerade als die Türklinke heruntergedrückt wurde, donnerte er los: »Auch du, mein Brutus?« Dann brach er scheinbar überrascht ab, blieb aber in Feldherrenpose stehen, obwohl Cäsar bestimmt nicht mehr so aufrecht dagestanden hatte, als es ihm an den Kragen ging und er unter den Verschwörern auch Brutus entdeckte.

»*Qijam* – aufstehen!«, befahl unser Lehrer dann in ungewohnt hartem Ton und wir standen stramm.

»Guten Morgen«, grüßte der Schulinspektor, wobei sein stechender Blick die Bankreihen entlangwanderte.

»Guten Morgen, Herr Schulinspektor«, antworteten wir im Chor.

»*Dschulus* – hinsetzen!«, befahl unser Lehrer.

Wir setzten uns und waren mucksmäuschenstill. Man hätte eine Stecknadel fallen hören können.

Dann erklärte unser Lehrer dem Schulinspektor unter vielen Entschuldigungen, dass er ihm den Lehrerstuhl leider nicht anbieten könne, denn der sei so wackelig, dass man jeden Augenblick fürchten müsse, damit zusammenzubrechen.

Mit missbilligenden Blicken hörte sich der Schulinspektor das an und quetschte sich dann widerwillig auf Subhis Platz. Subhi fehlte heute.

Eigentlich sollte der Inspektor darüber froh sein, fand ich, sonst hätte er nämlich stehen oder auf dem Pult sitzen müssen. Der Schulinspektor war aber nicht froh. Wir spürten alle, wie böse er war, dass ihm ein solch unwürdiger Platz angeboten wurde.

Dann fuhr unser Lehrer unbeirrt in seinem Vortrag fort und erzählte, wie es nach Cäsars Tod mit dem Römischen Reich weitergegangen war. Gerade als der Verräter Brutus mit seinem Heer bei Philippi auf das Heer des neuen Kaisers Augustus stieß, stand der Schulinspektor von seinem unbequemen Platz auf und unterbrach den Vortrag.

Mann, dachte ich, er hätte doch zumindest warten können, bis der Sieger der Schlacht feststand.

»Was habt ihr denn in der letzten Stunde gelernt?«, fragte der Inspektor dann, wie befürchtet.

»Hannibal und die Punischen Kriege, Herr Schulinspektor«, antworteten wir im Chor.

»Nur das?«, fragte er nach.

»Jawohl, Herr Schulinspektor«, antworteten wir wieder im Chor. Aber ich merkte, dass der Inspektor uns nicht glaubte. Er sah jeden Einzelnen von uns so eindringlich an, dass es mir kalt den Rücken hinunterlief.

O weh, dachte ich, hoffentlich pickt er nicht mich heraus, um mein Wissen über Hannibal zu überprüfen. Ich hatte nämlich keinen blassen Schimmer, was mit Hannibal los war.

Letztes Mal waren meine Gedanken bei Saladin haften geblieben und da hatte ich am Ende der Stunde, als es um Hannibal ging, nicht mehr richtig aufgepasst. Ich wusste nur noch, dass da irgendetwas mit Elefanten gewesen war, aber das würde dem Inspektor wohl nicht genügen. An die verbotene Geschichte über Saladin konnte ich mich dagegen bestens erinnern.

Gerade als die stechenden Augen des Inspektors auf mich trafen, trat Subhi ein. Er keuchte vom Laufen und hatte einen knallroten Kopf, der noch roter wurde, als er den Schulinspektor sah.

»Es … es tut mir Leid, Herr Lehrer«, stotterte Subhi, »aber ich musste meiner Oma noch Wasser von der Quelle holen und da hat sich unser Esel losgerissen und ist einer Eselin nachgelaufen. Ich musste hinter ihm her und ihn wieder zurückholen. Deshalb bin ich zu spät.«

Subhis komische Entschuldigung riss uns aus unserer ängstlichen Erstarrung heraus und wir lachten laut los. Unser Lehrer winkte ab und forderte Subhi auf, sich hinzusetzen.

Der Inspektor jedoch schaute Subhi kühl an und sagte: »So geht das aber nicht. Wer die halbe Unterrichtsstunde versäumt, darf nicht einfach ungestraft davonkommen. Der Junge soll den Text über Cäsars Tod siebenmal säuberlich und fehlerfrei abschreiben.«

Mann, war das eine Strafe! Aber unser Streber Subhi nahm sie auf sich, ohne mit der Wimper zu zucken. Typisch!

Der Inspektor verschränkte die Hände hinter seinem Rücken, lief ein paar Mal durch die Reihen und blieb dann vor Subhi stehen. »Oder machen wir es doch lieber anders«, meinte er dann mit falscher Freundlichkeit. »Vielleicht ist es ja sehr wichtig, dass man seiner Oma Wasser holt. Alten Leuten muss man schließlich helfen. – Wie heißt du denn, Junge?«

»Subhi, Herr Schulinspektor«, antwortete Subhi eifrig.

»Nun, Subhi, ich werde dir die Strafe erlassen, wenn du uns den Unterricht der letzten Stunde zusammenfasst. Kannst du das?«

»Jawohl, Herr Schulinspektor.«

»Dann fang an.«

Und der blöde Subhi begann eilfertig zu erzählen. Ich sah, wie unser Lehrer gequält die Augen schloss, als Subhi sofort mit den Kreuzzügen anfing. Er hatte die Warnung ja nicht mitgekriegt, dass wir Saladin auf keinen Fall erwähnen sollten. Und dann kam es auch schon. Subhi erzählte alles über Saladin: dass er 1138 geboren wurde, Kurde war und später Sultan von Ägypten und Syrien gewesen ist; dass er die Dynastie der Aijubiden begründet hat, in Gerechtigkeit regierte, 1187 die Kreuzritter schlug und Jerusalem befreite und dass er 1193 gestorben ist.

Unser Lehrer versuchte Subhi zum Aufhören zu bringen. Er biss sich überdeutlich auf die Lippen, zwinkerte und machte lauter Verrenkungen. Doch Subhi war einfach zu blöd, um das zu merken. Anscheinend wollte er sein Zuspätkommen wieder gutmachen und dachte bestimmt noch, dem Geschichtslehrer damit einen Gefallen zu tun, dass er wie ein Wasserfall redete. Er erzählte alle Einzelheiten, als hätte er die ganze letzte Stunde auswendig gelernt.

Der Schulinspektor nickte und lächelte triumphierend. »Soso, Hannibal und die Punischen Kriege.«

»Nun ja«, versuchte unser Lehrer die Situation zu retten. »Wir haben nebenbei auch über die Geschichte Jerusalems gesprochen und dabei kurz Saladin erwähnt.«

»Sie wissen genau, dass Sie nicht über solche zweifelhaften Gestalten wie Saladin schwafeln sollen«, sagte der Inspektor böse. »Und wenn Sie schon meinen, den Schülern statt der Punischen Kriege die Geschichte Jerusalems nahe bringen zu müssen, dann bleiben Sie zumindest bei der Wahrheit.«

»Das ist ja wohl die Wahrheit! Saladin ist der Angelpunkt in der Geschichte Jerusalems«, ereiferte sich unser Geschichtslehrer. »Zudem habe ich mir das alles nicht aus den Fingern gesogen. Das steht genau so in einem englischen Lexikon. Hier«, er holte ein dickes Buch aus seiner Tasche, »hier steht es.«

Doch der Inspektor sah das Buch noch nicht einmal an. »Alles glatte Lügen! Papier ist geduldig«, sagte er verächtlich. »Halten Sie sich gefälligst an die Schulbücher.«

»Die Schulbücher? Die bestehen nur aus Lügen! Die israelische Besatzung entscheidet, was in den Büchern stehen darf und was nicht. Papier ist geduldig, o ja! In den Schulbüchern steht doch sowieso nur die Hälfte von dem, was tatsächlich geschehen ist. Die arabische Geschichte wird einfach unterschlagen. Wenn ich den Schülern nur das beibringe, was in den Schulbüchern steht, dann glauben sie nachher noch glatt, dass sie gar nicht existieren! Denn die Schulbücher tun doch so, als habe es in diesem Land keine Menschenseele gegeben, bevor die Juden kamen. Das hier ist aber unser Land, mit unserer Geschichte, und die bringe ich den Kindern bei. Ihre eigene palästinensische Geschichte!« Und dabei haute unser Lehrer mit der Faust auf das Pult.

»Was erlauben Sie sich?«, schrie der Schulinspektor. »Wollen Sie sich etwa gegen die Vorschriften der Schulbehörde stellen?«

Es gab einen Riesenkrach. Ich dachte schon, sie würden sich an den Kragen gehen. Doch dazu kam es nicht, denn plötzlich stand der Lehrer Raschid im Raum.

Es dauerte eine Weile, bis er sich Gehör verschaffen konnte, dann aber sagte er wütend: »Was machen Sie hier für ein Geschrei? Ob Kreuzfahrer, Saladin oder die Punischen Kriege, das ist doch alles vorbei und nicht so wichtig. Viel wichtiger ist, was heute passiert! Vorbild sollten Sie sein für die Schüler. Wir alle sehen doch, wohin es führt, wenn immer nur gestritten wird.«

»Vorbild?«, rief unser Geschichtslehrer und zeigte auf den Schulinspektor. »Dieser hier soll ein Vorbild sein? Wir wissen doch alle, dass er nur ein dreckiger Handlanger der Juden ist!«

Da wurde der Schulinspektor rasend wie ein Stier, der in der Mittagshitze von Zecken befallen wird. »Das werden Sie noch bereuen!«, schrie er. »Das werden Sie bereuen!« Und er rauschte aus dem Zimmer.

1967 hatten die Israelis unser Land – die Westbank und den Gazastreifen – besetzt. Und vorher, im Jahr 1948, hatten die Juden uns schon den anderen Teil von Palästina weggenommen und dort den Staat Israel gegründet. Seitdem schrieben sie uns Palästinensern vor, was wir zu tun und zu lassen, ja sogar, was wir zu denken hatten. Es war eine einzige Schikane!

Aber vor drei Wochen war etwas passiert, was das Fass endgültig zum Überlaufen gebracht hatte. An einem Kontrollpunkt im Gazastreifen war ein israelischer Militärlastwagen absichtlich in zwei Autos mit palästinensischen Arbeitern gefahren. Vier von ihnen wurden dabei getötet und sieben verletzt.

Das nahmen die Leute in dem Flüchtlingslager, aus dem die Opfer kamen, nicht so einfach hin. Es gab Demonstrationen und Streiks. Die israelische Besatzungsarmee versuchte den Aufstand niederzuschlagen, was ihnen aber nicht gelang, weil die Empörung der Leute so groß war, dass sich der Aufstand schnell in allen besetzten Gebieten ausbreitete. Damit begann der große palästinensische Aufstand, die »Intifada«.

Schon vorher hatte es viele Aufstände gegeben, aber noch nie so einen großen. Neu war, dass die Intifada hauptsächlich von uns Jugendlichen geführt wurde. Wir wollten uns nichts mehr gefallen lassen. Jeder Besatzungssoldat, jedes Militärauto, das sich auf palästinensischem Gebiet blicken ließ, wurde von uns mit Steinen beworfen. Dieser Aufstand sollte der ausschlaggebende sein. Er musste einfach Erfolg haben. Die Besatzer und alle, die auf deren Seite standen, sollten sich vorsehen! Wie der Schulinspektor zum Beispiel, der uns immer noch vorschreiben wollte, was wir zu lernen hatten.

Die Schlacht auf dem Schulhof

Es dauerte nicht lange und eine Militärstreife hielt auf unserem Schulhof. Wir hatten gerade Pause. Zwei israelische Soldaten stürmten in das Lehrerzimmer und kamen kurz darauf mit unserem Geschichtslehrer und dem Lehrer Raschid, beide in Handschellen, wieder heraus.

Dass sie nicht nur unseren beliebten Geschichtslehrer, sondern auch den Lehrer Raschid abführten, der den Streit nur hatte schlichten wollen, ging uns aber doch zu weit. Das hatten beide nicht verdient. Wir überlegten nicht lange und versperrten den Soldaten den Weg.

Plötzlich riefen ein paar Jungen: »Auf sie! Lasst nicht zu, dass die Hundesöhne unsere Lehrer einsperren!«

Wir stürzten uns alle auf die Soldaten und versuchten, ihnen die Lehrer zu entreißen. Wir krallten uns an Hemden, Armen und Beinen fest, so dass die Soldaten keinen Schritt weitergehen konnten. Unserer Übermacht waren sie nicht gewachsen. Sie ließen die Lehrer los, kämpften sich frei und rannten zu ihrem Auto. Dann brausten sie schnell davon.

Zwar hatten wir unsere Lehrer aus der Gewalt der Soldaten befreien können, doch waren sie immer noch in Handschellen. Sosehr wir uns auch bemühten, wir kriegten die Dinger einfach nicht ab. Daher standen wir immer noch im Schulhof, als die israelischen Soldaten kurz darauf wiederkamen. Sie hatten zwei Jeeps und einen Lastwagen voller bewaffneter Soldaten zur Verstärkung mitgebracht und forderten über Lautsprecher die beiden Männer auf, sich zu stellen und freiwillig mitzukommen.

Wir Schüler aber bildeten einen schützenden Kreis um unsere Lehrer, was ich eine tolle Idee fand, denn so konnten die Soldaten nicht so schnell an sie herankommen. Die prügelten auch gleich mit ihren Schlagstöcken wütend auf uns ein. Ich sah, wie Taufiq neben mir zusammenbrach.

Plötzlich warfen die anderen Soldaten aus ihren Wagen heraus mit Tränengasgeschossen und im Nu war unser Schulhof nur noch eine einzige Nebelwolke. Wir husteten wie verrückt und konnten nichts mehr sehen. Den prügelnden Soldaten ging es besser – sie setzten schnell ihre Gasmasken auf.

Als wir wieder einigermaßen zu uns kamen, schoben die Soldaten unsere beiden Lehrer gerade in den Lastwagen. Wir konnten nur noch dastehen und zuschauen.

Dann brüllten die Soldaten über ihre Lautsprecher, dass über das ganze Dorf Ausgehverbot verhängt sei. Wir hätten eine halbe Stunde Zeit. Wen man danach noch auf der Straße erwische, der würde sofort erschossen. Dann fuhren sie ab.

Wir sahen uns bedrückt und in ohnmächtiger Wut an. Alle hatten wir rote, brennende Augen. Auch den Leuten, die in den Häusern neben der Schule wohnten, tränten die Augen, denn die meisten hatten gar nicht so schnell die

Fenster schließen können, und wenn doch, war immer noch genug von dem stechenden Gas durch die Ritzen gedrungen.

Am schlimmsten hatte es – wie wir später hörten – die alte Hebamme getroffen, die neben der Schule wohnte. Sie hatte krank im Bett gelegen und daher nicht fliehen können, als ein Tränengasgeschoss durch das Fenster in ihr Zimmer fiel. Sie ist erstickt, möge Allah ihrer Seele gnädig sein.

Zu Hause legte mir Mama einen feuchtkalten Lappen auf die Augen. Dabei jammerte sie wieder wie üblich, ich solle nicht demonstrieren. Sie hatte Angst und sagte immer: »Du bist doch noch ein Kind! Dein Papa wäre bestimmt dagegen.«

Papa musste immer herhalten, wenn Mama irgendeine Erziehungsmethode durchsetzen wollte. Papa konnte sich nämlich nicht wehren, weil er in Deutschland war. Er arbeitete schon sehr lange dort und kam nur alle zwei Jahre einmal für einen Monat nach Hause.

Mama meinte, ich sei zu jung zum Demonstrieren. Das war aber eine ziemlich dumme Ausrede, fand ich. Ich rechnete ihr dann vor, dass ich auf den Tag genau elf Jahre, einen Monat und siebzehn Tage alt war! Aber das nützte auch nichts. Sie blieb bei ihrer ängstlichen Haltung, obwohl sie ganz genau wusste, dass viele Kinder mitmachten, die wesentlich jünger waren als ich.

Als Großonkel eiligst vom Olivenhain nach Hause kam, erzählte ich ihm, was in der Schule passiert war.

Er fand unser Verhalten prima. »Allah möge dich und deine Kameraden behüten!«, sagte er. »Macht nur weiter so! Ihr jungen Leute von heute seid viel tapferer, als wir es waren.«

Das glaubte ich aber nicht. Großonkel war nämlich auch sehr tapfer.

Dann sagte er noch vieles. Das war bei Großonkel immer so. Wenn er einmal mit Reden anfing und in Schwung kam, hörte er so schnell nicht wieder auf. Er sagte, dass sie damals, als die Israelis unser Land besetzten, leider nicht demonstriert hätten oder zumindest nur sehr, sehr wenig. Hätten sie sich so tapfer verhalten wie wir heute, hätte es gar nicht so weit kommen können. Für eine gerechte Sache zu demonstrieren, sei immer gut, viel besser, als zu schweigen. Und Allah würde auf der Seite der Gerechtigkeit stehen.

Ausgehverbot

Am nächsten Morgen weckte mich der Ruf des Muezzins aus dem Schlaf. Normalerweise hörte ich den Ruf zum Morgengebet sehr selten. Wenn ich schlief, dann schlief ich tief und fest. Diesmal aber war ich schon bei dem ersten »*Allahu Akbar* – Gott ist groß« hellwach, obwohl der Muezzin nur mit seiner eigenen Stimme rief. Den Lautsprecher konnte er nämlich nicht benutzen, weil in unserem Dorf wegen der gestrigen Demonstration der Strom abgeschaltet worden war.

Dass ich schon so früh wach wurde, lag daran, dass ich gestern aus lauter Langeweile sehr zeitig ins Bett gegangen war. Wegen des Ausgehverbots hatte ich im Haus hocken müssen, und weil es keinen Strom gab, hatten wir noch nicht einmal fernsehen oder Radio hören können.

Ich stand auf und begann, mich mit einer rituellen kleinen Waschung auf das Gebet vorzubereiten. Doch plötzlich hielt ich inne. Der Muezzin rief nur die Verse: »Allah ist groß, Allah ist groß. Ich bezeuge, dass es keinen Gott außer Gott gibt, und ich bezeuge, dass Muhammad sein Prophet ist.« Dann kam gar nicht der Ruf zum Gebet, sondern der Muezzin begann gleich wieder von vorn mit dem Lob.

Jetzt fängt er an zu spinnen, dachte ich.

»Großonkel!«, rief ich leise. »Hast du das gehört? Der

Muezzin hat die Strophen ›Kommt zum Gebet, kommt zur besten Tat!‹ vergessen.«

»Ja, ich habe sie auch nicht gehört«, erwiderte er erstaunt. Aber dann lächelte er verschmitzt und meinte: »Na ja, das ist vielleicht nicht weiter verwunderlich. Wenn man sich so eine junge Frau zulegt, dann kann einem das schon mal leicht die Gedanken verwirren. Gut, dass er überhaupt noch die Treppen des Minaretts schafft!«

Ich lachte mit, doch dann hielten wir beide inne, denn der Muezzin rief gerade, dass heute kein Gebet in der Moschee stattfinden würde und dass die Schule geschlossen bliebe. Außerdem hätten die israelischen Soldaten auch für heute striktes Ausgehverbot erlassen.

»O weh«, sagte ich zu Großonkel, »da haben wir dem Muezzin aber unrecht getan.« Und schnell bat ich Allah um Verzeihung.

Großonkel warf sein Handtuch hin und sagte bitterböse: »Die Hundesöhne, jetzt wollen sie uns sogar das Beten verbieten!« Er presste beide Hände auf den Bauch und legte sich wieder hin.

Großonkel tat mir Leid. Ich brachte ihm seine Wasserpfeife, doch er wollte nicht rauchen.

»Ich habe wieder so einen Druck im Magen«, sagte er. »Mach mir lieber einen starken Salbeitee.«

Den brühte ich ihm dann auch auf.

Also stand uns wieder einmal so ein langweiliger Tag bevor. Das Eingesperrtsein machte mich immer ganz kribbelig. Und wenn ich schon nicht rausdurfte, wollte ich wenigstens oben auf dem Dach spielen. Zum Glück wohnte Mustafa nebenan. Unsere Häuser klebten direkt aneinander und hatten ein gemeinsames flaches Dach.

Ich stieg also hinauf und bald kam auch Mustafa.

»Mann«, rief ich, »wie siehst du denn aus!«

Seine Augen waren knallrot, so rot wie Fleischtomaten, und er tappte umher wie ein Blinder.

»Meine Augen tun mir höllisch weh«, klagte er. »Gestern ist eine Gasbombe direkt vor meinem Gesicht explodiert.« Und dann hustete er wie verrückt. »In der Brust tut es mir auch weh«, krächzte er.

Es hatte ihn wirklich schlimm erwischt. In normalem Zustand sah Mustafa schon nicht besonders gut und musste eine Brille tragen. Jetzt aber konnte er fast überhaupt nichts mehr sehen. Sein Murmelspiel war auch dementsprechend schlecht. Er tat mir so Leid, dass ich nicht richtig spielte, sondern ihn ein paar Mal gewinnen ließ.

Plötzlich kam Mama die Leiter herauf und erwischte uns. Sie war völlig außer sich. »Allah, Allah!«, rief sie. »Kommt sofort herunter! Die schießen euch doch sonst kaputt!«

Mustafa verschwand schnell auf seiner Seite, damit seine Mutter nicht auch noch so ein Theater veranstaltete. Sie war nämlich genauso ängstlich.

Missmutig folgte ich Mama wieder in die Wohnung.

Die Seiltänzerin

Auch am Tag darauf wurde über unser Dorf striktes Ausgehverbot verhängt. Ein Militärwagen fuhr kreuz und quer alle Straßen und Wege ab und über Lautsprecher wurde verkündet, dass die Soldaten auf jeden schießen würden, der das Ausgehverbot nicht einhielt.

Den Ausrufer kannte ich. So eine rauchige Stimme hatte nur der israelische Offizier David Ben Jehudi. Er kam öfter in unser Dorf, auch wenn es keine Demonstration gab.

Großonkel war wieder furchtbar wütend. Er verfluchte den Tag, an dem die Juden in unser Land gekommen waren. Allah sei Dank schlief Oma noch und hörte seine Schimpftiraden nicht!

Bestimmt hatte Großonkel wieder Magenschmerzen, denn er legte sich hin und platzierte Papas Feldflasche auf seinem Bauch. Das mit der Feldflasche war Mamas Idee gewesen. Unsere Wärmflasche war nämlich kaputtgegangen und stattdessen hatte Mama einfach Papas Feldflasche mit heißem Wasser gefüllt. Das klappte ganz gut.

Der arme Großonkel! Seit Beginn der Intifada hatte er oft Magenschmerzen. Manchmal klagte er nur über Druck im Bauch, dann aber hatte er auch richtig scharfe Schmerzen, so wie jetzt.

Mama brachte ihm noch einen Kräutertee aus Kamille,

Salbei und Majoran. Der half ein bisschen, denn nachdem Großonkel die Tasse ausgetrunken hatte, stöhnte er nicht mehr ganz so fürchterlich. Eigentlich hätte Großonkel schon längst zum Arzt gemusst, aber dafür hatten wir nicht genug Geld.

Vor zwei Monaten hatte Großonkel dem Händler in Nablus drei große Kanister Olivenöl in Kommission gegeben. Der Händler sagte seitdem aber immer wieder, dass er noch nichts verkauft habe, weil die Leute in der Stadt kein Geld für Olivenöl hätten. Sie würden zur Zeit nur billiges Pflanzenfett kaufen.

Oma saß wieder einmal in der Ecke und rollte für das Mittagessen Weinblätter um die Reismasse. In letzter Zeit gab es bei uns oft gefüllte Weinblätter. Unser Haus wurde an zwei Seiten von Wein umrankt und die Blätter gab es daher kostenlos. Gefüllt wurden sie natürlich nicht mit Fleisch, denn das war zu teuer. Oma tat nur Reis, Zwiebeln und Gewürze rein.

In letzter Zeit war Omas Verhalten sehr merkwürdig geworden. Meine Schwester Dschamila hatte Mama deshalb schon gefragt, ob die Oma übergeschnappt sei. Da war aber etwas los!

»Hältst du wohl den Mund!«, hatte Mama sie darauf angezischt. »Wenn du noch mal so was über die Oma sagst, kriegst du eine runtergehauen, aber eine, die sich gewaschen hat!« Mama war neuerdings auch so merkwürdig. Egal, was man tat, sie reagierte immer gereizt.

Dann sagte sie noch: »Die Oma hat es von uns allen

jetzt am schwersten. Ich möchte nicht in ihrer Haut stecken.«

Das war überhaupt keine Erklärung, fand ich. Immer nur so sonderbare Auskünfte zu kriegen, war auf Dauer nicht auszuhalten. So schwer konnte es Oma doch gar nicht haben. Sie war zwar Jüdin, aber bei allen im Dorf sehr beliebt. Ich entschloss mich, Großonkel danach zu fragen.

Als er seine Wasserpfeife fertig machte, setzte ich mich zu ihm und fragte, was mit Oma los sei. Da lachte Großonkel, aber sein Lachen war nicht wie sonst. Er zwirbelte dabei nämlich an seinem Schnurrbart. Das war eine neue Angewohnheit von ihm. Wenn er beim Nachdenken oder Reden an seinem Schnurrbart zwirbelte, war irgendetwas ganz und gar nicht in Ordnung.

»Also«, drängte ich, »was ist nun?«

»Tja, die Oma«, sagte Großonkel und zog dabei das ›O‹ ganz in die Länge. »Die arme, arme Oma! Seiltanzen muss sie. – Weißt du, was eine Seiltänzerin ist?«

»Natürlich weiß ich, was eine Seiltänzerin ist!«, sagte ich beleidigt. Großonkel stellte manchmal wirklich entsetzlich dumme Fragen.

»Ja«, sagte Großonkel dann, »deine Oma ist jetzt wie eine Seiltänzerin. Sie muss richtig balancieren. Wenn sie sich auch nur ein Stückchen zu weit nach rechts bewegt, dann fällt sie herunter, und wenn sie ein bisschen zu weit nach links gerät, fällt sie ebenfalls herunter. Ja, genau auf dem Seil bleiben muss sie und das ist gar nicht leicht.«

Darüber musste ich ganz schrecklich lachen, weil ich mir vorstellte, wie die dicke Oma auf einem Seil balancierte. Aber schnell biss ich mir auf die Lippen, denn es war ja nicht sehr nett von mir, über die Oma zu lachen.

»Lach du ruhig, Junge, lach nur«, meinte Großonkel da. »Es gibt nicht viel zu lachen im Leben. Solange man lachen kann, sollte man es auch tun.«

Das mit dem Seiltanzen verstand ich nicht so ganz. Aber als ich bei Großonkel nachhakte, meinte er, ich sei noch zu jung, um das zu verstehen. Eines Tages würde ich es von selbst begreifen.

Ha, zu jung, dieses blöde zu jung! Mein Kopf war immer voll mit ganz wichtigen Fragen. Und wenn ich dann eine Antwort haben wollte, sagten alle, ich sei zu jung dafür. Ach, wie schön wäre es, wenn Papa hier wäre, dachte ich. Dann könnte ich ihm die vielen tonnenschweren Fragen stellen. Er würde mir bestimmt auf alle eine Antwort geben. Wenn er in seinem Urlaub bei uns war, erklärte er mir immer alles, was ich wissen wollte, und war sehr geduldig dabei. Manchmal vermisste ich ihn wirklich ganz schrecklich und heute besonders. Ich wollte ihm jetzt unbedingt einen Brief schreiben und holte schnell Papier und Bleistift. Zwar besaß ich einen Füller – den hatte Papa mir letztes Jahr aus Deutschland mitgebracht –, aber die Tinte dafür konnte ich mir nicht leisten. Dann schrieb ich einen langen Brief.

Als ich fertig war, wartete ich, bis sich Mama in gnädiger Stimmung befand.

»Mama«, bettelte ich dann, »ich möchte Papa einen Brief schicken.«

Aber da sah Mama plötzlich gar nicht mehr gnädig aus. »Wie oft habe ich dir schon gesagt, dass wir uns das nicht leisten können«, sagte sie ungeduldig. »Woher sollen wir das Geld dafür nehmen? Du siehst doch, was los ist. Es ist Ausgehverbot. Keiner darf hinaus, nicht einmal den Olivenhain dürfen wir beackern. Wenn das so weitergeht, wird es dieses Jahr keine gute Olivenernte geben. Deshalb müssen wir sparsam mit dem Geld umgehen.« Dann aber kraulte sie mir das Haar und sagte mit sanfter Stimme: »Warte noch ein bisschen, Kamal-Schatz. Wenn wir etwas mehr Geld haben, darfst du Papa einen Brief schicken.«

Ich schluckte, zerriss den Brief in kleine Schnipsel und warf ihn in den Mülleimer. Als ich mich umdrehte, sah ich, dass Mama Tränen in den Augen hatte. Da lief ich schnell zu ihr hin, umarmte sie und wir weinten beide ein bisschen.

Kurz darauf hörten wir eine laute Stimme: »Allah ist groß! Allah ist groß!«

Ich spitzte die Ohren. Das war nicht der Muezzin und der Ruf kam auch nicht von der Moschee.

»Allah möge uns behüten!«, jammerte Mama und schlug sorgenvoll die Hände vors Gesicht.

»O ihr tapferen Männer, wo seid ihr?«, rief die Stimme laut. »Habt ihr eure Hebamme vergessen? Habt ihr eure Mutter vergessen? Ja, gestern noch habt ihr sie Mutter genannt und heute lasst ihr sie tot liegen und wollt sie noch nicht einmal begraben. Hat sie das verdient? Ist das der Lohn für eine Frau, die die meisten von euch auf die Welt geholt hat? Wollt ihr sie einfach so liegen lassen in der Hitze, ohne Begräbnis, wie einen Tierkadaver! – Allah ist groß! Allah ist groß! Wo seid ihr, ihr tapferen Männer? Was macht ihr? Lasst ihr euch so einfach einschüchtern von den Schweinesöhnen? Habt ihr euch in eure Häuser eingeschlossen wie ängstliche Frauen? – Wie die Frauen, ja, bei Allah! Wenn ihr noch Bärte habt, so rasiert sie ab und legt euch einen Schleier um! Soll ich euch noch dazu Puder und Lippenstift besorgen? Dann sagt mir Bescheid, dass ich es euch mitbringe, denn morgen fahre ich in die Stadt!«

Das konnte nur der Bruder der Hebamme sein und

bald schollen ihm von allen Seiten aus den Häusern die Antwortrufe entgegen: »Allah ist groß! Allah ist groß!«

Großonkel sprang auf und rief ebenfalls: »Allah ist groß! Allah ist groß!« Er brüllte so laut, dass Mama, die neben ihm stand, vor Schreck beinahe einen Teller fallen gelassen hätte. Großonkel holte sich einen Knüppel und sagte zu mir: »Komm, Kamal, wir werden es den Hundesöhnen zeigen!«

Im Nu war das ganze Dorf auf der Straße. Die israelischen Soldaten, die kontrollierten, dass das Ausgehverbot eingehalten wurde, gaben Warnschüsse ab. Wir waren aber so viele, dass sie ganz schnell wie aufgescheuchte Hühner aus dem Dorf verschwanden.

Stolz über diesen Erfolg holten wir die israelische Fahne vom Gemeindehaus und verbrannten sie. Dann hissten wir die palästinensische Flagge, die herrlich im Wind flatterte, und erklärten unser Dorf als für immer von der Besatzung befreit.

Das feierten wir ausgiebig und vergaßen darüber beinahe den eigentlichen Grund des Ganzen, nämlich die Beerdigung der Hebamme.

Später, nach dem Totengebet in der Moschee, wurde der Sarg in einem Trauerzug zum Friedhof gebracht. Während der Imam das Grabgebet hielt, war der Friedhof plötzlich von schwer bewaffneten israelischen Soldaten umringt. Der dicke Offizier Ben Jehudi befahl allen männlichen Trauergästen, sich zu ergeben und einzeln, mit hocherhobenen Händen, herzukommen.

Das lehnten wir natürlich ab. Das heißt, anfangs hatten einige dem Befehl Folge geleistet. Als sie aber sahen, dass die ersten drei Männer festgenommen und in den Militärwagen geschoben wurden, blieben die anderen stehen und keiner wollte auch nur noch einen Schritt weitergehen. Jeder, der einen Stock hatte, hielt ihn hoch erhoben in der Hand, und wer wie ich keinen hatte, behalf sich mit Steinen.

Der Imam versuchte die israelischen Soldaten zu beschwichtigen. »Wir sind nicht hier, um zu demonstrieren!«, rief er dem Offizier zu. »Wir sind nur hier, um unsere Tote zu begraben. Das lässt sich bei der Hitze nicht verschieben. Kehren Sie doch zu Ihrer Kaserne zurück und lassen Sie uns in Ruhe!«

Der Offizier aber hörte nicht auf ihn, sondern brüllte: »Ergebt euch!«

Da versuchte unser Bürgermeister ihn zu besänftigen: »Lassen Sie uns unsere Tote begraben und dann zurück zu unseren Häusern und unserer Arbeit gehen, wir bitten Sie darum. Wir sind friedliebende Menschen. Bei Allah, ich beschwöre Sie, lassen Sie uns gehen! Ja, wir beschwören Sie bei Allah, unserem gemeinsamen Gott, und bei dem Propheten Abraham, unserem gemeinsamen Stammvater, lassen Sie uns in Frieden!«

Doch auch auf das Flehen unseres Bürgermeisters ging der Offizier nicht ein. Er schnarrte nur wieder mit seiner heiseren Stimme: »Ergebt euch, ohne Bedingung! Und du, Bürgermeister, ergib dich als Erster!«

Dass der Offizier den ehrwürdigen Bürgermeister so beleidigte, machte dessen Sohn Suhail furchtbar wütend. »Nur Steine kriegst du!«, schrie er und warf einen dicken Brocken nach vorn. Sofort fielen Schüsse und der Bürgermeister sackte zusammen. Aus seiner Brust spritzte Blut.

Entsetzt wich ich zurück und knallte gegen Großonkel. Beschützend legte der seinen Arm um mich. Meine Beine zitterten und mir wurde übel. Trotzdem musste ich immer wieder zu dem blutüberströmten Bürgermeister hinsehen.

Jemand schrie hoch und schrill. Es war die Tochter des Bürgermeisters. Sie rannte aus der Menge heraus und ging mit zwei Stricknadeln auf einen der Soldaten los. Unter wildem Geschrei stach sie mit den Nadeln auf ihn ein.

Nach einem kurzen Schreckmoment kam auch in uns Bewegung. Unter lauten »Es lebe Palästina!«-Rufen liefen wir los und bewarfen die Besatzungssoldaten mit Steinen oder schlugen mit Stöcken um uns.

Es war eine fürchterliche Schlacht, doch irgendwann zogen sich die Soldaten zurück und verließen das Dorf. Als wir uns umblickten, lagen von unserer Seite neben dem toten Bürgermeister und seiner Tochter noch sieben Verwundete am Boden, darunter vier Mädchen. Einer der Angeschossenen war mein Vetter Sami. Viele waren verhaftet worden, auch meine Schwester Dschamila. Was auf der anderen Seite geschah, kriegte ich nicht so genau mit. Außer dem Soldaten, der von der Tochter des Bürgermeisters übel zugerichtet worden war, hatte ich nur noch einen mit einer Kopfwunde gesehen. Manche Kinder sagten aber, dass auch noch andere Soldaten von unseren Steinen getroffen worden wären.

Nachdem wir die Verletzten notdürftig versorgt hatten, legten wir sie vorsichtig auf einen Lastwagen, der sie ins Krankenhaus in die Stadt bringen sollte. Dann beerdigten wir schnell unseren Bürgermeister.

Dies ging im Vergleich zu der Beerdigung der Hebamme ziemlich einfach vonstatten, denn der Bürgermeister war ja im Kampf um die Freiheit gefallen und galt daher als Märtyrer. In einem solchen Fall war nur das Grabgebet nötig. Weder musste die rituelle Totenwaschung vorgenommen werden noch wurde ein Totenhemd gebraucht. Die Männer legten den Bürgermeister in den Kleidern ins Grab, in denen er gestorben war. Sie wuschen noch nicht einmal das Blut ab. Der Imam sagte, dass das Blut derjenigen, die in einem gerechten Krieg sterben, am Tag der Auferstehung wie Moschus riechen wird.

Die Straße zum Dorf blockierten wir mit großen Felsbrocken und dahinter stapelten wir viele alte Autoreifen auf. Dann wurden drei Jungen beauftragt, Wache zu halten. Sofort, wenn ein Militärwagen auftauchte, sollten sie Benzin über die Reifen gießen, alles anzünden und die Dorfbewohner warnen.

Allah sei Dank kamen die Soldaten aber nicht zurück.

Die Wahl des neuen Bürgermeisters

Für den Abend war im Gemeindehaus eine Vollversammlung einberufen worden. Der erste Punkt auf der Tagesordnung wurde ohne Abstimmung abgehandelt, weil sich da alle einig waren: Jeder Einzelne wollte weiter demonstrieren, bis unser Land befreit war.

Der zweite Punkt wurde vom Bäcker vorgeschlagen. Er wollte den Frauen und Mädchen verbieten, an den Demonstrationen teilzunehmen, weil heute fünf von ihnen – wie er sagte – »für nichts und wieder nichts« verwundet worden seien. Das Für-nichts-und-wieder-nichts stimmte überhaupt nicht, denn die Mädchen waren sehr tapfer gewesen. Es gab deshalb auch sofort Streit.

»Du Feigling!«, beschimpfte die Bäckersfrau ihren Mann. »Gerade du willst hier den Mund aufreißen? Du hast doch sofort, als es heiß wurde, gekniffen und dich schön im Hintergrund gehalten. Du solltest dich schämen!«

Ich hörte, wie unsere Nachbarin Mama zuraunte, dass die Bäckersfrau nur deshalb so böse auf ihren Mann sei, weil sie sich selbst schämte. Der Bäcker habe nämlich seine ganze Familie bei der Demonstration zurückgehalten und jetzt hätte kein Einziger von ihnen auch nur den klitzekleinsten Kratzer aufzuweisen.

Der Bäcker wurde für seinen Vorschlag kräftig ausgelacht. Aber der Gerechtigkeit wegen wurde auch darüber abgestimmt und sein Vorschlag wurde mit einer großen Mehrheit von sechsundneunzig Prozent abgelehnt. Schade, dass es eine geheime Abstimmung mit Zetteln war. Ich hätte gerne gewusst, wer noch so altmodisch wie der Bäcker dachte.

Der dritte Punkt auf der Tagesordnung kam von den Frauen. Sie verlangten, dass zum Dorfrat auch eine Frau gehören müsse. Die meisten waren dafür und Fathija, die Tochter der verstorbenen Hebamme, wurde für diese Aufgabe gewählt.

Schließlich kamen wir zum eigentlichen Zweck der Versammlung, zur Wahl des neuen Bürgermeisters. Fünf Männer bewarben sich für das Amt, darunter auch Misbah, der Sohn des getöteten Bürgermeisters. Darüber regten sich die Älteren, besonders der Imam und der Schuldirektor, fürchterlich auf.

Der Schuldirektor schimpfte auch sofort los: »Das ist unerhört, unpassend und unmöglich! Wie kann sich ein Junge, der gerade erst achtzehn geworden ist und noch nicht einmal sein Abitur hat, zur Bürgermeisterwahl aufstellen lassen! Das ist ungeheuerlich!« Und an Misbah gewandt: »Wie kannst du nur so anmaßend sein?«

Und der Imam fuchtelte aufgeregt mit den Händen in der Luft herum und rief: »Was ist mit der Ehre der Alten? Wie kannst du es wagen, dich auf die Stufe der erfahrenen alten Männer zu stellen?«

Aber die Jüngeren jubelten Misbah zu und auch manche Älteren sprachen sich für seine Kandidatur aus. Es wurden viele lange Reden gehalten.

Am beeindruckendsten fand ich das, was Großonkel sagte. Er stand auf, warf schwungvoll die Zipfel seiner Kopfbedeckung nach hinten und rief: »Das ist die Zeit der Jugend! Wer für unser Land und unser Dorf Gutes tut, der darf sogar, egal, wie jung er ist, Staatspräsident werden! Die Jungen sind es, die heute demonstrieren, um unser Land zu befreien, nicht wir, die Alten. Hätten wir damals, als unser Palästina unter englischer Kolonialmacht stand, so demonstriert wie die Jugend heute, hätten die Engländer unser Land nicht so einfach an die Juden verschenken können!«

Das sagte Großonkel und noch einiges mehr. Viele waren begeistert von seiner Rede.

Dann wurde abgestimmt. Zur Verwunderung aller bekam Misbah die meisten Stimmen und wurde Bürgermeister – der jüngste, den unser Dorf jemals hatte. Und ab jetzt wurde er, der bisher immer nur mit dem Spitznamen Abu Barbur, die Rotznase, gerufen wurde, mit dem ehrwürdigen Titel Bürgermeister angeredet.

Umm Raschids Halskette

Heute hatten wir wieder Schule. Ich war richtig glücklich darüber nach dem öden Hausarrest. Sogar Mathe machte mir Spaß! Der Lehrer Raschid und der Geschichtslehrer waren immer noch verhaftet, deshalb hielt mein Spaß nicht lange an. Ich hatte nämlich nur zwei Stunden Unterricht, eben Mathematik und Arabisch. Dann konnte ich wieder nach Hause gehen.

Als ich den Gang entlangschlenderte, sah ich Umm Raschid, die alte Mutter des Lehrers Raschid, in der offenen Tür vom Zimmer des Schuldirektors stehen.

»Hier bei dir ist mein Sohn verhaftet worden!«, schrie sie. »Wie konntest du das nur zulassen? Nur du bist schuld! Jetzt ist es auch an dir, ihn wieder herauszuholen!«

Ich hielt inne, versteckte mich hinter einer Säule und hörte zu.

»Aber Umm Raschid«, wehrte der Schuldirektor ab, »ich kann doch nichts dafür! Dein Sohn ist von den Israelis verhaftet worden. Ich kann mich doch nicht gegen das Besatzungsmilitär stellen! Außerdem ist das alles nicht meine Sache.« Und der Direktor versuchte sie hinauszuschieben.

»Nicht deine Sache? Du hast doch Beziehungen, und was für welche! Erst neulich hast du ein Festessen für die israelischen Offiziere veranstaltet. Glaubst du, das wüsste keiner? Das wissen alle hier, jawohl, und auch die alte Umm Raschid. Ich bin nämlich weder taub noch blind!« Dabei stieß sie dem Direktor ihren knochigen Zeigefinger in die Brust.

Der schob die alte Frau ein Stück von sich weg und meinte dann: »So einfach geht das nicht.«

Ich fand, dass er aber doch ein wenig nervös geworden war, denn er schaute schnell nach rechts und links. Allah sei Dank hatte er mich nicht gesehen.

»Meinst du etwa, gute Beziehungen wüchsen einfach so auf den Bäumen?«, sagte er dann leise. »Man muss etwas tun dafür und das kostet viel Geld. Was glaubst du wohl, warum ich die vielen Festessen gemacht habe?«

»Ha, das ist kein Problem«, unterbrach Umm Raschid ihn. »Ich bringe dir ein Schaf und du kannst die Hundesöhne wieder zu einem *mansaf* einladen, wenn sie meinen Sohn freilassen.«

»Das ist ein schwieriger Fall«, sagte der Schuldirektor. »Den kriegt man nicht einfach nur mit einem Essen geregelt.«

»Gut, wenn du meinst.« Umm Raschid zog eine Halskette mit Goldmünzen aus ihrem Kleidausschnitt und sagte: »Davon kannst du eine bekommen. Reicht das für den schwierigen Fall?«

Mann o Mann, der Direktor guckte vielleicht erstaunt. Das hielt aber nicht lange an, denn dann meinte er, er bräuchte schon die ganze Kette, wenn er helfen solle.

Es gab einen zähen Handel. Umm Raschid wollte ihm

erst drei, dann sechs Münzen geben, doch der Direktor ließ sich nicht erweichen. Schließlich blieb Umm Raschid nichts anderes übrig, als ihm die ganze Kette zu geben.

»Ja, Hadscha Umm Raschid«, sagte der Schuldirektor dann ruhig, »heute läufst du zu mir und bettelst, dass ich deinen Sohn freibekommen soll. Dir zuliebe mache ich das auch. Ich werde mich darum kümmern und so Allah will, wird dein Sohn bereits in den nächsten Tagen wieder hier sein. Du aber wirst mir dann das ganze Leben lang vorjammern, dass du mir deine Halskette gegeben hast, obwohl davon keine einzige Münze für mich bleiben wird. Alle werden in die Hände der Israelis wandern. Du aber wirst schnell im ganzen Dorf herumerzählen, dass du mir die Kette gegeben hast, und dein Sohn wird sie zurückverlangen. Aber dann habe ich sie ja nicht mehr. Und was hat es mir dann gebracht, dass ich dir geholfen habe? Nur Ärger, nichts und gar nichts als Ärger!«

»Bring mir meinen Sohn und ich werde keiner Menschenseele etwas davon verraten«, versprach Umm Raschid.

»Schwöre es«, verlangte der Schuldirektor.

Umm Raschid sagte: »Ich schwöre«, doch das reichte dem Schuldirektor nicht. Er sprach ihr folgenden Schwur vor: »Ich schwöre bei Allah, dem Allmächtigen, bei Seinen Engeln, Seinen heiligen Büchern und Seinen Propheten, dass ich keiner Menschenseele von der Halskette erzählen werde und dass ich im Feuer der siebten Hölle schmoren werde, wenn ich den Schwur breche.«

Umm Raschid sprach alles nach und gab dem Direktor die goldene Halskette.

»Gut«, sagte der dann zufrieden und ließ die Kette in der Innentasche seiner Jacke verschwinden. »Jetzt können meine Freunde deinen Sohn so leicht aus dem Knast holen, wie man ein Haar aus dem Teig zieht. Aber wehe dir, du lässt ein Wort über die Sache verlauten! Nur ein einziges Wort und die gleichen Leute, die ihn herausgeholt haben, werden ihn wieder dorthin zurückbringen.«

Ich fand das ganz schön gemein von dem Schuldirektor. Als ich zu Hause ankam, wollte ich Großonkel davon erzählen. Der lag aber schon wieder im Bett, die Feldflasche auf seinem Bauch.

Der Lehrer Raschid ist wieder da

Es war Freitag und ich ging mit Großonkel in die Moschee. Seit der Intifada kamen immer mehr Leute zum Freitagsgebet, auch die, die sonst nie hingingen. Die Moschee war proppenvoll. Das erfüllte den Imam mit Stolz und er kam in Fahrt. Er hielt seine Predigt, ohne wie sonst Kunstpausen einzulegen.

Heute war sein Thema das Gebet und welche Belohnung man dafür von Allah bekommt. Er sprach davon, dass das Gebet der zentrale Punkt der Religion ist und man ohne Beten nie ins Paradies kommt, egal, wie viele gute Taten man auch vollbringt.

Plötzlich änderte er mitten in seinem Vortrag das Thema. Er zitierte den Koranvers: »Und wer Allah fürchtet, dem wird Er einen Ausweg aus seiner Lage geben – so wie dem Herrn Lehrer Raschid«, führte er gleich aus und wies dabei mit der Hand auf die letzten Reihen.

Ich drehte mich um und tatsächlich: Der Lehrer Raschid war wieder da.

»Ja, bei Allah«, fuhr der Imam fort. »Der Gottesfürchtige kommt aus allen Bedrängnissen heil heraus, wie unser Herr Lehrer Raschid. Er wurde vor ein paar Tagen verhaftet und jetzt ist er schon wieder auf freiem Fuß. Und dabei sind viele andere Männer von ihren Familien fortgeholt worden und sogar Kinder, zehn- und achtjährige, wurden aus dem Schoß ihrer Mütter gerissen und verhaftet und sind bis jetzt noch nicht zurückgekommen.« Der Imam lächelte bitter, als er abschloss: »Ja, so werden eben nur die Gottesfürchtigen belohnt!«

Damit war die Predigt zu Ende. Ich fand weiter nichts Besonderes an dieser Predigt. Aber als die Leute sich am Schluss des Gebets die Hände reichten und sich gegenseitig wünschten, dass ihr Gebet erhört werde, da wollte keiner dem Lehrer Raschid die Hand geben. Das wunderte mich sehr.

»Ihr verdächtigt mich also, ein Kollaborateur zu sein?«, rief der Lehrer Raschid aufgebracht in die Menge. »Ich bin also ein Kollaborateur?«

»Beweis uns doch das Gegenteil!«, kam eine Stimme aus dem Hintergrund.

»Ich kann es nicht, Leute. Ich weiß nicht, warum sie mich freigelassen haben. Ich weiß nur, dass ein Soldat mich am Arm griff und einfach vor die Tür setzte. Warum, weiß ich nicht!«

»Einfach so?«, meinte Hadschi Sulaiman spöttisch.

»Ja, einfach so, ohne Wenn und Aber.«

Da blickte Hadschi Sulaiman in die Runde und rief: »Hat irgendjemand von euch seit der Besatzung schon mal gehört, dass einer nach drei Tagen aus dem Knast der Israelis freikam? Wo deren Gesetz es ihnen erlaubt, uns monatelang ohne Anklage einzusperren? Und dann lassen sie gerade dich nach drei Tagen wieder raus, einfach so? Pah!«

»Was kann ich denn dafür?«, entgegnete der Lehrer Raschid wütend.

»Wenn wir nur einen Beweis für deinen Verrat hätten, würden wir Hackfleisch aus dir machen!«, brüllte Hadschi Sulaiman. »Und jetzt geh, bevor wir das auch ohne Beweis tun!«

»Ich gehe!«, rief der Lehrer Raschid, vor Zorn kochend. »Darauf könnt ihr euch verlassen! Keine Minute länger bleibe ich in diesem elenden Kaff! Und ihr werdet mich hier nie wieder sehen, bevor ihr nicht in allen Zeitungen eine Anzeige aufgegeben habt, dass ich unschuldig bin!«

Und damit rauschte er davon.

Ich ging mit Großonkel nach Hause. »Warum sind denn alle Leute plötzlich gegen den Lehrer Raschid?«, fragte ich ihn unterwegs. »Der hat doch gar nichts getan! – Und was ist eigentlich ein Kollaborateur?«

»Ach Junge, lass das jetzt«, meinte Großonkel erschöpft. »Ich habe wieder schreckliche Magenschmerzen. Diese elende Welt! Jeder Tag bringt was Schlimmeres mit sich als der vorherige.«

Aber ich ließ nicht locker. Nachdem Großonkel seinen Kräutertee getrunken und sich wieder etwas beruhigt hatte, hakte ich nach. Meine Schwester Zainab hatte mir mittlerweile erklärt, dass ein Kollaborateur ein Verräter ist, einer, der dem Feind hilft.

»Der Lehrer Raschid ist nicht schuld daran, dass er so schnell freigelassen worden ist«, begann ich. »Seine Mutter hat dem Schuldirektor die Halskette gegeben, damit er ihn aus dem Knast holt. Davon wusste der Lehrer Raschid doch nichts! Wenn jemand ein Verräter ist, dann der Schuldirektor!«

»Was sagst du da, Junge? Was redest du von einer Halskette und dem Schuldirektor?«, fragte Großonkel interessiert und setzte sich auf.

Da erzählte ich, was ich in der Schule beobachtet hatte. Großonkel nahm mich fest bei der Hand und wir eilten zum Bürgermeister. Dort musste ich das Ganze noch mal bis in alle Einzelheiten erzählen. Dann sollte ich den Lehrer Raschid und seine alte Mutter herholen. Der Lehrer Raschid aber hatte das Dorf schon verlassen und so brachte ich nur seine Mutter zum Bürgermeister.

Als wir ankamen, waren bereits alle Mitglieder des Gemeinderats versammelt. Umm Raschid wurde in der Sache befragt, doch sie schwor bei allen Heiligen, nicht das Geringste davon zu wissen. Der Schuldirektor hatte sie ganz schön eingeschüchtert.

»Dann zeige uns deine Halskette, Hadscha«, sagte Misbah, der Bürgermeister.

Ha, dachte ich, jetzt kommt alles raus.

»Das kann ich nicht«, erwiderte Umm Raschid. »Als im Haus des vorigen Bürgermeisters, möge Allah seiner Seele gnädig sein, eingebrochen wurde und der ganze Schmuck seiner Frau gestohlen wurde, sagte ich mir: So etwas passiert dir nicht! Ich nahm meine Kette und vergrub sie an einem sicheren Ort. Und egal, was passiert, ich werde niemandem die Stelle zeigen.« Dabei schaute Umm Raschid selbstsicher in die Runde.

Mann, stand ich dämlich da! Alle waren davon überzeugt, dass ich die ganze Geschichte nur erfunden hatte, um mich wichtig zu machen. Sogar Großonkel war sauer auf mich.

Omas Feigentag

»Kamal, komm her!«, rief Oma, nachdem sie meine Schwestern Zainab und Salwa zum Wasserholen an die Quelle geschickt hatte. »Du musst jetzt auch etwas tun. Nimm den Korb hier und geh zu den Feigenbäumen. Ich brauche mindestens noch einen halben Korb Feigen zum Trocknen.«

Heute war Omas Feigentag.

Schon am frühen Morgen hatte sie einen Riesenkorb voll reifer Früchte herangeschleppt und sie auf dem speziell dafür vorgesehenen Platz auf dem Dach zum Trocknen ausgelegt. Meiner Ansicht nach war da zwar schon alles voll, aber anscheinend hatte Oma noch eine freie Stelle entdeckt.

Seit der Intifada hatten alle im Dorf den Vorratstick. Es wurde getrocknet, eingelegt und Marmelade gekocht. Alle fürchteten ein länger andauerndes Ausgehverbot und wollten dafür gerüstet sein.

Oma war in solchen Dingen besonders gut. Sie sammelte und pflückte ständig irgendetwas zum Einmachen und Trocknen. Überall lagen oder hingen Früchte und Grünzeug herum, auf den Stühlen, den Fensterbänken und an der Decke. Neulich hatte Oma sogar für Wassermelonenschalen eine Verwendung gefunden. Sie kochte Marmelade daraus, brrr!

Ich ging also los. Als ich bei unserem Land ankam, sah ich unter den Feigenbäumen auf dem Nachbargrundstück Ahmad und seine Verlobte, Al-Almanija, die Deutsche. Ahmad arbeitete in Bethlehem und dort hatte er auch seine Verlobte kennen gelernt.

Während ich Feigen pflückte, sah ich, wie Ahmad auf den Khdari-Feigenbaum kletterte. »Schade, dass die reifsten Feigen ganz oben sind«, hörte ich ihn sagen. »Die schmecken nämlich am besten.« Mit großer Mühe angelte er sich eine davon und warf sie der Almanija hinunter.

»Mmmh«, machte sie, »die sind ja herrlich süß. Hole mehr!« Mann, die Almanija spricht ja Arabisch, dachte ich.

Ahmad schaffte es jedoch nicht, noch höher zu klettern. »Tut mir Leid«, sagte er, »weiter komme ich nicht.«

»Aber ich!«, rief die Almanija und kletterte kurzerhand in den Baum.

Ahmad versuchte, sie davon abzuhalten. »Feigenbaumäste sind nicht stark genug«, rief er, »die brechen leicht!«

Die Almanija aber hörte nicht auf ihn und knacks! – da brach auch schon ein Ast ab und sie landete auf dem Boden.

Ich lief schnell hinüber, um zu helfen. Aber Allah sei Dank war ihr nichts Schlimmes passiert. Dann kletterte ich in den Baum, weil ich ja leichter war, und pflückte ihnen viele reife Feigen.

Ich wusste, dass Ahmad demnächst nach Deutschland fliegen und die Almanija dort heiraten wollte. Daher fragte ich ihn, ob er für mich einen großen, dreiseitigen Brief an meinen Vater mitnehmen könnte.

Ahmad war sehr nett. »Natürlich«, meinte er, »für dich trage ich sogar einen tausendseitigen Brief!«

Ich war überglücklich. In Windeseile pflückte ich meinen Korb halb voll, genau wie Oma es angeordnet hatte, und rannte nach Hause. Dort setzte ich mich sofort an den Tisch und schrieb:

Lieber Papa,
es tut mir Leid, dass ich dir schon so lange keinen Brief mehr geschrieben habe, obwohl ich es doch versprochen hatte. Aber das war wirklich nicht meine Schuld. Jedes Mal, wenn Mama einen Brief an dich schrieb, wollte ich auch schreiben, doch ich durfte nicht. Mama sagte immer: »Das wird zu schwer und kostet viel zu viel Porto, wenn zwei Blätter in einem Umschlag sind. Dafür können wir ein halbes Kilo Zucker oder ein Stück Seife kaufen. Wer weiß, was für schwere Arbeit dein Vater in Deutschland verrichten muss, damit er uns das bisschen Geld schicken kann!«

Außerdem hat Mama uns kein Taschengeld mehr gegeben, nachdem wir gehört haben, dass du arbeitslos bist. Sonst hätte ich dir schon längst einen Brief geschickt und das Porto von meinem Taschengeld bezahlt.

Aber zum Glück kann ich dir jetzt schreiben. Das liegt daran, dass Ahmad, der Sohn unserer Nachbarin Umm Ahmad, demnächst nach Deutschland fliegt. Er arbeitet in Bethlehem und hat dort eine deutsche Touristin kennen ge-

lernt. Sie wollen in Deutschland heiraten. Gerade habe ich sie bei den Feigenbäumen getroffen und Ahmad hat mir versprochen, den Brief mitzunehmen.

Ich erzählte der Almanija, dass du in Deutschland bist, und bat sie, mir ein paar deutsche Wörter beizubringen. Da hat sie mir beigebracht: »Kuti Mokin«, »Kuti Tak« und »Kuti Aben«. Sie sprach richtig Arabisch mit mir und sagte, das bedeute Guten Morgen, Guten Tag und Guten Abend. Sie kann wirklich toll Arabisch, nur spricht sie manche Wörter so komisch aus wie Oma. Lieber Papa, ich möchte dich nun auch so grüßen, aber ich weiß ja nicht, zu welcher Tageszeit du meinen Brief liest. Daher sage ich Kuti Mokin Tak Aben.

Zainab hat mir gerade beim Schreiben zugeschaut und gesagt, dass du bestimmt nicht das alles über Ahmads Almanija hören willst. Ich lasse das aber stehen, weil du mir doch vor deiner Abreise gesagt hast, ich solle dir alles, was im Dorf passiert, haargenau berichten. Wenn dir das zu viel ist, musst du es mir schnell schreiben.

Lieber Papa, jetzt muss ich dir aber etwas Trauriges berichten. Bei uns im Dorf ist nämlich in letzter Zeit die Hölle los. Seit Beginn der Intifada gibt es jeden Tag irgendwo im Land Demonstrationen. Dabei werden viele von uns Palästinensern von den israelischen Besatzungssoldaten getötet oder verletzt. Wir in unserem Dorf haben auch schon fünfmal demonstriert. Neulich ist auch unser Bürgermeister erschossen worden, möge Allah seiner Seele gnädig sein. Mein Vetter Sami wurde bei der Beerdigung angeschossen.

Wir sind, Allah sei Dank, alle unversehrt, aber Dschamila wurde bei der Demonstration verhaftet. Wir wissen nicht, wo sie jetzt ist und wie es ihr geht. Mama weint deswegen ständig und will uns das Demonstrieren verbieten. Sie sagt, du wärst dagegen. Stimmt das, Papa? Ich glaube das nicht. Du bist doch kein Feigling! Sag schnell Bescheid. Großonkel jedenfalls ist voll und ganz für das Demonstrieren. Er meint, nur so könnten wir unser Land befreien.

Oma habe ich natürlich nicht nach ihrer Meinung gefragt. Du weißt ja, warum. Jetzt ruft sie zum Mittagessen. Bis dann!

Die Hinrichtung der Olivenbäume

Gerade als wir mit dem Mittagessen fertig waren, wurde von den israelischen Soldaten erneut ein vierstündiges Ausgehverbot verhängt. Das holte selbst Oma aus ihrer Zurückgezogenheit heraus.

»Was ist denn jetzt schon wieder los?«, rief sie. »Diese Hundesöhne! Es hat doch keiner was verbrochen! Es gab doch keine Demonstrationen oder sonst etwas!«

Das war revolutionär! Verwundert sah ich Oma an. Sie hatte sich bisher noch nie zur Intifada geäußert.

»Doch, doch«, sagte Großonkel und machte dabei ein gespielt empörtes Gesicht, »bestimmt ist etwas passiert. Sonst würden die barmherzigen Israelis nie ein Ausgehverbot verhängen. Vielleicht hat der Säugling von Umm Hussain ein Bäuerchen gemacht oder der alte Dawud gar einen Furz gelassen. Und ist das etwa kein Verbrechen? Jaha, so und nicht anders wird's gewesen sein.«

Wir mussten alle lachen, sogar Oma.

Also wieder Ausgehverbot! Aber zum Glück war es nicht ganz so langweilig, weil unsere Ziege jeden Augenblick ihr Zicklein bekommen würde. Zainab und ich wechselten uns beim Aufpassen ab. Wenn es losging, sollten wir sofort Großonkel rufen. Normalerweise war das Jungekriegen für unsere Ziege kein Problem. Aber Großonkel meinte, diesmal müssten wir ein bisschen aufpassen, weil er das Gefühl hatte, dass das Kleine nicht richtig läge.

Ich saß also im Stall und schrieb weiter an dem Brief an Papa. Dabei warf ich zwischendurch immer mal wieder einen Blick auf die Ziege.

Das Schreiben machte mir großen Spaß. Außerdem war es eine gute Übung, denn obwohl das zweite Schulhalbjahr schon vor anderthalb Monaten angefangen hatte, war wegen der vielen Ausgehverbote erst ein paar Mal Schule gewesen. Es bestand schon beinahe die Gefahr, dass ich das Schreiben wieder verlernte!

Dann musste ich aber doch damit aufhören, denn mit unserer Ziege war es wohl gleich so weit. Trotzdem wartete ich noch ein bisschen mit dem Bescheidsagen, weil ich vorhin schon einmal falschen Alarm geschlagen hatte und mir eine zweite Blamage lieber ersparen wollte.

Während ich noch zögerte und überlegte, was zu tun sei, hörte ich plötzlich von allen Seiten lautes Geschrei und Hilferufe: »Kommt her, die Israelis sägen unsere Olivenbäume ab. Sie sägen sie einfach ab!«

Ich stand so abrupt auf, dass der Ziege das Papier um die Ohren flog. Dann rannte ich hinaus und mit all den anderen Dorfbewohnern, trotz Ausgehverbot, zu den Olivenhainen an der Landstraße.

Schon von weitem sahen wir, wie die Kronen der schönen alten Olivenbäume umsanken.

»Diese Schweine!«, keuchte Mustafa neben mir. Und sein Vater, der vor Wut bereits einen hochroten Kopf hatte, rief: »Das sind die neuen Siedler. Man sollte sie selbst absägen!«

Vor ein paar Monaten hatten die Israelis uns das fruchtbarste Tal des Nachbardorfs weggenommen und darauf Häuser für die neuen jüdischen Siedler aus der Sowjetunion gebaut. Und jetzt waren die in unseren Olivenhainen und machten alles kaputt!

Wir konnten aber nichts mehr gegen sie unternehmen, denn als sie uns von weitem kommen sahen, sammelten sie schnell ihre Sägen ein und fuhren auf ihren Lastwagen davon. Nicht ein einziger Stein aus dem ganzen Steinhagel, den wir hinter ihnen herwarfen, erreichte sie.

»Diese Ungläubigen!«, brüllte der Friseur und stieß verzweifelt mit seinen Fäusten in die Luft. »Hätten sie nicht in ihrer verdammten Siedlung bleiben können? Reicht es ihnen nicht, das fruchtbarste Land zu besetzen und mit ihren Häusern zuzubauen? Müssen sie jetzt auch noch unsere Bäume absägen, die jahrzehntelange Arbeit unserer Hände?«

Und Mustafas Vater sagte in ungläubigem Staunen: »Was haben die Bäume denen bloß getan?«

»Was sie getan haben, fragst du?«, höhnte Großonkel. »Aber Abu Mustafa, ich bitte dich, das ist doch offensichtlich! Ich jedenfalls weiß, was sie den armen Siedlern angetan haben. Die jungen Triebe der Bäume haben demonstriert! Jawohl, und wenn die Bäume so schlau gewesen wären, ihren jungen Trieben das Demonstrieren zu verbieten, wären sie nicht von den Israelis bestraft worden und das hier wäre ihnen erspart geblieben. Du siehst also, sie sind selbst schuld, die dummen Bäume!«

Wir standen alle da und besahen uns den Schaden. Zu beiden Seiten der Landstraße waren von einem breiten Streifen von Olivenbäumen die Kronen abgesägt worden. Nur noch die Stämme und ein paar Äste ragten in den Himmel. Es war furchtbar. Der alte Hadschi Sulaiman lehnte am Stamm eines seiner hundertjährigen Olivenbäume und weinte.

Ein paar Männer beschlossen, in die Stadt zu fahren und sich beim Militärgouverneur zu beschweren. Großonkel sollte auch mit.

Der aber schüttelte den Kopf und sagte: »Beim Militärgouverneur? Ha, der wird euch in den Arsch blasen!« Er legte mir die Hand auf die Schulter und sagte laut: »Komm, Kamal, lass uns nach Hause gehen. Wenn wir schon unsere Olivenbäume verloren haben, wollen wir nicht auch noch unsere Ziege verlieren.«

Und wir liefen schnell nach Hause. Ahmads Bruder Taufiq rief mir noch hinterher, dass Ahmad morgen abreisen würde. Irgendwie kam mir der Brief aber neben der Olivenbaumkatastrophe gar nicht mehr so wichtig vor.

Als wir zu Hause ankamen, hatte unsere Ziege bereits Zwillinge geboren und alles war gut gegangen – dank Omas und Mamas Hilfe.

Ich wollte die Ziege und ihre süßen Zicklein streicheln, doch Oma verbot es mir. Die Zicklein waren nämlich noch etwas glitschig und ich hätte mir ja dann die Hände waschen müssen. Wegen des Ausgehverbots konnten wir aber kein Wasser von der Quelle holen und das bisschen, das von heute Morgen noch übrig geblieben war, durfte nur ganz sparsam benutzt werden. Schade, denn die Zicklein waren wirklich goldig.

Der schwierige Brief an Papa

Am Abend hatte ich mich etwas beruhigt. Ich setzte mich hin und beendete den Brief an Papa. Haargenau berichtete ich ihm, was heute mit den Olivenbäumen passiert war.

»Mama«, rief ich dann laut, »ich geh jetzt los und bringe den Brief zu Ahmad!«

Das war eine neue Sitte bei uns. Seit Beginn der Intifada mussten wir immer Bescheid sagen, wenn wir rauswollten, wohin und für wie lange wir weggingen, und wenn es nur zum Lebensmittelladen um die Ecke war. Das ging mir zwar schrecklich auf die Nerven, aber Mamas Gejammer, wenn ich nichts sagte, war noch schlimmer.

Mama fing mich an der Haustür ab. Sie wollte unbedingt lesen, was ich Papa geschrieben hatte. Schon während sie las, verzog sie ihre Miene kummervoll, und als sie fertig war, schlug sie die Hände vors Gesicht. »O weh«, jammerte sie, »wenn dein Vater das liest, bringt er sich um! Das mit den Olivenbäumen darfst du ihm nicht schreiben.«

Ich riss ihr den Brief aus der Hand. »Quatsch, das muss er doch wissen!«, sagte ich und wollte gehen.

Aber Mama hielt mich fest und rief nach Oma. Sie las ein paar Sachen aus meinem Brief vor und dann meinte auch Oma, dass es nicht gut sei, wenn Papa von dem Schicksal der Olivenbäume erführe.

Ha, dachte ich, so ein Weibergetue! Sie benehmen sich gerade so, als wäre Papa aus Zuckerwatte. Ich wartete, bis Großonkel mit seinem Abendgebet fertig war. Er würde mich bestimmt unterstützen. Doch Flöte gepfiffen!

»Deine Mama hat Recht«, sagte Großonkel. »Ob dein Vater es erfährt oder nicht, ändert sowieso nichts mehr an der Sache. Davon werden die Olivenbäume auch nicht wieder lebendig.« Großonkel sprach, wie viele Alte im Dorf, von den Olivenbäumen immer so, als wären sie Menschen. »Sie haben die Bäume nun einmal umgebracht und dein Vater wird von dem schrecklichen Verbrechen noch früh genug erfahren.« Großonkel brach ab, schluckte und drehte sich schnell um. Mit steifen Schritten ging er in sein Zimmer.

Ich hatte aber doch gesehen, dass er Tränen in den Augen hatte. Das kann doch nicht sein, dachte ich. Großonkel weinte?

»Soll ich zu ihm gehen?«, fragte ich Mama leise.

»Nein, Kamal, lass ihn allein«, meinte sie. »Großonkel ist wütend und verzweifelt, weil er die Olivenbäume nicht hat verteidigen können. Sie sind für ihn doch fast so etwas wie Brüder! Als Kind lag er in einer Hängematte, die in ihren Ästen befestigt war, und wurde vom Wind gewiegt. Und als Junge hatte er seine Schaukel dort. Und dann hat er den Boden beackert und die Ernte mit eingebracht. Großonkel hat diese Bäume gepflegt und geliebt, wie es sein Vater, sein Großvater und alle seine Vorfahren vor Tausenden von Jahren auch schon getan haben.«

Ich nickte, denn dass Großonkel die Olivenbäume liebte, war offensichtlich. Erst neulich hatte ich ihn beobachtet, wie er unter den Bäumen die Erde aufhackte. Er tat das mit solcher Sorgfalt und Hingabe, als wäre er eine Mutter, die ihr Baby versorgt. – Trotzdem, dass Großonkel deshalb weinte?

»Aber er hat doch noch nicht einmal geweint, als Großtante gestorben ist!«, rief ich.

Da mischte sich Oma ein. »Hör zu, mein Junge«, sagte sie und zog mich zu sich aufs Sofa. »Die Großtante war schon alt, als sie starb, und hatte ihr Leben gelebt. Das heißt nicht, dass Großonkel über ihren Tod nicht sehr traurig gewesen ist. Aber das war Allahs Wille und dem muss man sich fügen. Das mit den Olivenbäumen hingegen, das hat der Satan eingefädelt! Diese Siedler haben die Olivenbäume einfach abgehackt, als wären sie Gras, das jedes Jahr nachwächst!« Omas Gesichtsausdruck wurde richtig böse, als sie laut schloss: »Möge Allah sie dafür bestrafen!« Dann legte sie mir die Hand auf die Schulter. »Geh nun, mein Junge, und schreibe den letzten Teil des Briefes neu. Du willst deinem Vater doch nicht zu viel Kummer bereiten, oder? Dass deine Schwester verhaftet worden ist, wird ihm schon genug Sorge bereiten.«

Das sah ich ein. Wir hatten nämlich noch immer nichts von Dschamila gehört.

»Du hast ihm ja gar nicht von den Zicklein berichtet. Das kannst du schreiben«, schlug Oma vor. »Das wird ihn bestimmt freuen.«

Also setzte ich mich hin und schrieb:

Herzlichen Glückwunsch, Papa! Unsere Ziege hat heute Zwillinge bekommen. Großonkel findet sie prächtig und sie sind auch alle drei ganz gesund. Schade, dass du sie nicht sehen kannst.

Dann kaute ich auf meinem Bleistift herum, aber mir fiel beim besten Willen nichts Schönes mehr ein, was ich hätte schreiben können. Also schloss ich:

Es ist jetzt Zeit, den Brief zu beenden. Großonkel, Oma, Mama und meine Schwestern bestellen liebe Grüße.
Möge Allah dich behüten und dafür sorgen, dass du heil zu uns zurückkommst.

Dein Sohn Kamal

PS: Ich möchte dich noch bitten, dem armen Großonkel Medizin aus Deutschland zu schicken, denn in letzter Zeit hat er jeden Tag Magendrücken.

PPS: Auch von Mustafa soll ich grüßen. Er bat mich, dich zu fragen, ob es in Deutschland bessere Brillen gibt, denn mit seiner sieht er nichts mehr. Bitte, Papa, frag danach.

Dann ging ich wirklich los. Unterwegs aber holte ich den Brief wieder aus dem Umschlag und schrieb noch dazu:

PPPS: Heute hat sich Oma zum ersten Mal zu der Intifada geäußert. Sie ist auf unserer Seite. Sie beschimpfte die israelischen Siedler sogar als Hundesöhne! Ich bin richtig stolz auf Oma.

Ahmad war nicht zu Hause. Sein Bruder Taufiq erzählte mir, dass Ahmad morgen doch noch nicht fliegen könne. Der israelische Militärgouverneur wollte ihm keine Ausreisegenehmigung erteilen, es sei denn, Ahmad würde sich bereit erklären, auf das Rückkehrrecht nach Palästina zu verzichten und für immer im Ausland zu bleiben. Natürlich hat Ahmad das nicht getan. Aber wahrscheinlich würde er demnächst doch reisen können, denn die Almanija, die gar keine Touristin war, wie ich dachte, sondern Entwicklungshelferin, hatte sich bei einer Organisation, die sich für die Einhaltung der Menschenrechte einsetzt, beschwert. Diese Organisation heißt Amnesty International und die Leute dort wollten nun dafür sorgen, dass Ahmad ohne diese Bedingung ausreisen kann.

Während ich noch mit Taufiq redete, kamen Ahmad und die Almanija herein. Sie brachte eine große, runde Platte mit einem Kuchen mit, wie man ihn in Deutschland isst. Da waren viele Erdbeeren drin und dick Sahne obendrauf. Ich bekam auch ein Stück davon. Mann, das schmeckte klasse! Ich fragte mich, ob Papa den Kuchen auch kennt und in Deutschland so tolle Sachen isst.

Ahmads Oma wollte ein drittes Stück haben. Da meinte die Almanija: »Pass auf, Oma, dass du nicht dick wirst, denn dann kannst du die Intifada nicht mehr mitmachen!« Dabei schob sie der Oma aber ein besonders großes Stück auf den Teller und wir mussten alle lachen.

Doch dann dachte ich wieder an Papa. Hoffentlich aß er nicht zu viel von solchen Sachen, denn er würde bestimmt die Intifada mitmachen wollen, wenn er wiederkam.

Omas Picknick

»Kamal«, rief Mama, »geh die Oma holen!«

Dieses ständige Oma-Holen ging mir langsam auf die Nerven. Jeden Mittwoch dasselbe, dann zelebrierte Oma ihr einsames Picknick. Normalerweise picknickten bei uns nur die Städter und das fand freitags statt, nach dem Freitagsgebet. Dann kamen ganze Familien angefahren und zogen, mit Decken und Körben beladen, zu dem kleinen Kiefernwäldchen am Rande unseres Dorfes. Dort tranken sie massenweise Limonade, verschlangen Berge von Pasteten, spielten verschiedene Spiele und lachten laut und viel. Wir im Dorf arbeiteten die ganze Woche sowieso im Freien auf dem Land; da blieben wir am Wochenende lieber zu Hause oder fuhren mal in die Stadt.

Omas Picknick aber war ganz anders als das der Städter. Solange ich mich erinnern konnte, packte sie jeden Mittwoch schon ganz früh in der Küche einen Korb mit Esssachen. Heute Morgen hatte sie ein Fladenbrot mit Olivenöl bestrichen, Kräuter-Sesam-Mischung darüber gestreut, das Brot zusammengerollt und mit einer Hand voll schwarzer Oliven eingepackt. Dann füllte sie noch eine Thermoskanne mit schwarzem Tee und einen alten Tonkrug voll Wasser. Zuletzt deckte sie alles wie üblich mit einem großen Tuch fein säuberlich zu und ging allein zu unserem Stück Land. Dort setzte sie sich immer an dieselbe Stelle, nämlich unter den alten Mandelbaum.

Als ich klein war und noch nicht zur Schule gehen musste, hatte ich sie ein paar Mal begleitet. Aber es war immer gleich. Oma breitete dann das Tuch aus, setzte sich darauf und begann, das Essen auszupacken. Dabei erzählte sie meinem Opa, was sie ihm heute mitgebracht hatte. Mein Opa war natürlich gar nicht da. Das konnte er nämlich nicht, weil er schon lange, noch bevor ich geboren wurde, gestorben war. Das hielt Oma aber nicht davon ab, mit ihm zu reden. Als ich ihr einmal sagte, dass der Opa doch tot sei und sie gar nicht hören könne, meinte sie: »Nein, Kamal, das ist nicht richtig. Dein Opa hört und sieht mich, wenn ich mittwochs hierher komme. Das fühle ich ganz genau.« Sie fasste sich ans Herz und betonte: »Ich fühle es und weiß es sogar!«

Als ich sie damals mit großen Augen ansah, erklärte sie mir: »Hier, unter diesem Mandelbaum, ist dein Opa an einem Mittwoch gestorben. Ich hatte ihm gerade sein Frühstück gebracht und er hat noch das feine Essen gelobt. Da ist er plötzlich umgefallen und mit dem Kopf in meinem Schoß gestorben. Ach, er war so ein herzensguter Mann, dein Opa«, seufzte sie.

Dann leerte Oma – zusammen mit Opa natürlich – den Korb. Das dauerte sehr lange, weil Oma ganz langsam einen Bissen nach dem anderen aß und zwischendurch immer wieder einen kleinen Schluck Tee nahm. Danach erzählte sie Opa haargenau, was in der letzten Woche alles im Dorf passiert war. Und wenn sie nichts mehr zu erzählen hatte, saß sie einfach nur noch so da. Sie vergaß alles um sich herum, und wenn nicht einer von uns sie holen ging, würde sie bis zum Abend dort sitzen, ja vielleicht sogar unter dem Baum übernachten.

»Nun geh schon, Junge!«, drängte Mama. Ich hätte mich jetzt zwar drücken können, dann würde Mama eben eine meiner Schwestern schicken. Aber das half nicht viel. Wir hatten das schon öfter ausprobiert. Es endete meist damit, dass ich dann beide holen musste, denn meine Schwestern konnten Oma nicht so gut überreden wie ich.

Ich lief also los. An der letzten Wegbiegung konnte ich den Mandelbaum schon sehen. Oma saß wie immer darunter, aber irgendetwas war heute anders. Ich lief schneller, bis ich sie erreichte, doch Oma hatte mein Kommen gar nicht bemerkt.

Sie saß ganz zusammengesunken da, ihre Schultern zuckten und sie weinte laut. »O Salman«, schluchzte sie. »O du mein Augapfel, warum bist du gegangen? Warum hast du mich nicht mitgenommen? O wenn du wüsstest, wie groß meine Sehnsucht ist. Nimm mich zu dir, mein Salman, nimm mich zu dir!«

Etwas zog sich in mir zusammen. Ich bebte am ganzen Körper und dachte, Oma hätte nun wirklich den Verstand verloren. Vorsichtig legte ich ihr die Hand auf die Schulter und reichte ihr mein leider nicht ganz sauberes Taschentuch. »Oma«, flüsterte ich, »komm, lass uns nach Hause gehen.«

Sie sah auf, zog mich auf ihren Schoß, als wäre ich noch ein kleines Kind, und hielt mich fest. »Wenn es dich nicht gäbe, hätte ich vielleicht schon längst aufgegeben«, sagte sie.

Das hatte ich schon oft von ihr gehört, und dass ich genauso aussähe wie Opa.

»Du bist genau wie er«, sagte sie auch jetzt wieder und strich mir übers Haar. »Allah möge dich segnen und behüten.« Dann lächelte sie wehmütig und meinte: »Weißt du, mein Söhnchen, wie du mir gerade die Hand auf die Schulter gelegt und dein Taschentuch gereicht hast, genauso hat das dein Großvater vor neunundfünfzig Jahren auch gemacht.«

»Vor neunundfünfzig Jahren? Aber da warst du doch noch gar nicht mit Opa verheiratet, oder?«, rief ich aus. Oma war vor kurzem neunundsechzig Jahre alt geworden, also musste sie damals zehn gewesen sein.

»Aber verliebt!«

»Aber Oma!«, rief ich erstaunt, denn sie war in solchen Sachen immer sehr streng. Neulich hatte meine Schwester Zainab, die schon dreizehn war, einen Liebesbrief bekommen. Da hatte Oma ihr gedroht, wenn so etwas noch einmal vorkäme, würde sie alles Großonkel sagen und der würde sie dann einsperren. Oma meinte nämlich, Zainab wäre noch viel zu jung für Liebesbriefe.

»Na, nicht so verliebt, was ihr heute darunter versteht«, schränkte Oma ein. »Damals gab es keine Liebesbriefe, geheime Treffen oder gar öffentliche Küsse wie heute.

Nein, wenn ein Junge sich nach einem Mädchen umdrehte, hieß das damals schon Liebe.«

»Und wie kam es, dass du dich in Opa verliebt hast?«, wollte ich wissen.

»Das war gleich, als wir in Jaffa ankamen«, antwortete Oma.

»Wieso seid ihr überhaupt nach Palästina gekommen und nicht in Russland geblieben?« Eigentlich wusste ich schon, warum die Juden hierher gekommen waren. Von der Judenverfolgung in Europa hatte uns der Geschichtslehrer schon oft erzählt und auch von Großonkel wusste ich, was für schreckliche Dinge damals passiert waren. Aber ich wollte die Sache gerne noch einmal von Omas Seite hören.

»Ja, wie kam es dazu«, meinte Oma langsam. »Ich erzähle es dir von Anfang an. 1917, im Oktober, gab es in Russland eine große Revolution gegen den Zaren, wodurch die Kommunisten an die Macht kamen. Alle Leute, die vorher für den Zar gearbeitet hatten, waren nun Gegner für die neuen Herrscher, auch mein Vater. So musste unsere ganze Familie flüchten: Vater, Mutter, mein Bruder und ich. Ich war damals so alt wie du jetzt, nein, ein bisschen jünger. Nur mit dem Allernötigsten bepackt, zogen wir los. Noch am Rand von Moskau verloren wir meinen Bruder. Er war auf einmal weg, einfach so. Es war furchtbar!«

»Aber ich dachte, du hättest ihm zum Passahfest immer Pakete nach Russland geschickt!«, unterbrach ich Oma. »Ist das nicht dein Bruder?«

»Doch, doch, das ist er. Wir haben später erfahren, dass er immer noch in Moskau lebt.«

»Und wie ging es mit euch weiter?«, drängte ich.

»Nun, wir fuhren nicht so einfach schnurstracks mit dem Schiff von Russland nach Palästina. Eigentlich wollten wir nur in ein anderes europäisches Land flüchten. Unser Schiff lief viele europäische Häfen an, doch für kein Land bekamen wir eine Einreisegenehmigung. Niemand wollte uns haben, weil wir Juden waren. Fast überall auf der Welt waren die Juden verhasst. Doch hier in Palästina konnten wir endlich an Land gehen.«

»Aber das ist dann ja ganz besonders gemein!«, unterbrach ich Oma.

»Was ist gemein?«

»Dass die Juden, die selbst überall verfolgt und vertrieben worden sind, dann uns Palästinenser aus unserem Land vertreiben, wo sie doch wissen müssen, wie schrecklich das ist! Und dabei waren es doch gerade wir, die so viele Juden aufgenommen haben. Ist das etwa gerecht?«

»Nein, das ist ganz und gar nicht gerecht, mein Junge«, sagte Oma und drückte mich fest an sich. »Da hast du vollkommen Recht!«

»Und was war dann?«, fragte ich weiter.

»Die Ankunft in Palästina erlebte meine Mutter schon nicht mehr. Die lange Schiffsreise war für sie zu viel gewesen. Sie starb noch auf der Fahrt und Vater und ich blieben alleine übrig. Vater hat das alles sehr mitgenommen, erst, wie er dachte, den Sohn und dann auch noch die Frau zu verlieren. Ganz alt und müde ist er geworden. Aber wegen mir zwang er sich durchzuhalten.

Als wir in Jaffa vom Schiff gingen, wussten wir nicht, wohin. Wir hatten weder Geld noch etwas zu essen und die Kleider hingen uns nur noch wie Fetzen am Leib. Vater suchte tagelang nach Arbeit und ich lief immer mit. Doch keiner konnte ihn gebrauchen. Er sprach ja auch nur Russisch. Die Landessprache hier in Palästina war aber Arabisch, die Amtssprache Türkisch, denn Palästina gehörte damals noch zum Osmanischen Reich. Als ich nicht mehr mitlaufen konnte, ließ Vater mich an einer Ecke zurück. Da sollte ich mich hinsetzen und warten, bis er wiederkam. Das fiel Vater gar nicht leicht, mich einfach dort zu lassen. Aber was hätte er machen sollen? Wir kannten ja keine Menschenseele, wo ich hätte bleiben können. So saß ich also da, ein kleines Mädchen ganz allein in einer fremden Stadt. Ich konnte nichts von dem verstehen, was um mich herum gesprochen wurde, und fühlte mich sehr verlassen. Vater blieb lange weg und ich dachte, er käme nie wieder. Da fing ich an zu weinen, bis mir plötzlich ein palästinensischer Junge die Hand auf die Schulter legte und ein Taschentuch reichte.«

»Das war mein Opa!«, rief ich.

»Richtig, das war dein Opa«, sagte Oma. »Natürlich war er noch sehr jung damals, dein Opa. Er war vierzehn, aber gar nicht so rau wie sonst die Burschen in dem Alter. Nein, er sprach ganz freundlich auf mich ein, wovon ich natürlich kein Wort verstand. Aber empfindsam wie er war, möge Allah seiner Seele gnädig sein, verstand er gleich, dass ich furchtbar hungrig und durstig war. Da kaufte er mir von einem der Straßenhändler einen Sesamring und ein hart gekochtes Ei. Er setzte sich neben mich und sah mir zu, wie ich aß. So gut hat mir nie wieder etwas geschmeckt wie dieser Sesamring mit Ei von meinem Salman.« Oma hielt inne und wischte sich eine Träne aus dem Auge. »Dann lief er nach nebenan in ein Kaffeehaus, um mir ein Glas Wasser zu holen. Und gerade als Vater zurückkam, tauchte auch Salman wieder auf. Er sah Vater und wollte daraufhin gleich verschwinden. Er war nämlich ein bisschen schüchtern, dein Opa, obwohl er so ein starker und kräftiger Junge war. Vater aber machte ihm Zeichen, doch herzukommen, und dann erklärte er ihm mit Händen und Füßen, dass wir Flüchtlinge wären und dass er Arbeit suchte. Salman wiederum gab uns mit Zeichen zu verstehen, dass sie am Stadtrand Plantagen hätten und Landarbeiter bräuchten. Obwohl Vater von Landarbeit nicht das Geringste verstand, gingen wir mit. Salmans Vater, dein Urgroßvater, hatte viel Land mit Oliven-, Mandel- und Zitrusbäumen. Es arbeiteten auch schon drei jüdische Familien für ihn, die genau wie wir Flüchtlinge waren.

So bekamen wir ein Dach über dem Kopf und eine gute Arbeit. Salman und sein Vater waren so freundlich zu uns, dass wir dablieben und uns auch dann keine andere Arbeit suchten, als wir schon ein bisschen Arabisch konnten. Und fünf Jahre später heiratete ich meinen Salman, deinen Opa.« Oma machte eine Pause und sah abwesend in die Ferne.

»Warum seid ihr nicht in Jaffa geblieben?«, holte ich sie aus ihren Erinnerungen.

»Ach, Kamal«, seufzte Oma und hielt mich noch fester, gerade so, als ob sie befürchtete, jemand könnte mich ihr fortnehmen. »Die Zionisten haben die Menschen verblendet. Sie haben den Juden eingeredet, dass Palästina ihr Land sei. Und dann sind nicht nur Flüchtlinge gekommen, sondern auch Machtgierige und religiöse Fanatiker, die mit Hilfe der Engländer die Palästinenser aus ihrem Land vertrieben haben. Sie haben uns große Angst gemacht, indem sie ein ganzes Dorf – das war das Dorf Deir Yassin – einfach ausgerottet haben. Männer und Frauen, Alte und Kinder, alle wurden ermordet. Das war 1948. Dann haben die Zionisten den Staat Israel ausgerufen und damit den größten Teil Palästinas besetzt. Nur die Westbank und der Gazastreifen blieben übrig. Da sind dann Tausende Muslime und Christen aus ihrer Heimat geflüchtet. Wir waren auch darunter. Zuerst kamen wir nach Jenin, in ein Flüchtlingslager. Es war furchtbar dort. Wir wollten nur eine kurze Zeit bleiben, bis sich die Lage etwas beruhigt hatte, und dann nach Jaffa zurückkehren. Die Lage hat sich aber nie beruhigt, im Gegenteil. Ganze drei Jahre blieben wir in diesem Lager und da wären wir wohl auch heute noch, wenn dein Vater nicht deine Mutter kennen gelernt und geheiratet hätte. So kamen wir hierher, in dieses Dorf.

Trotz allem hatten wir immer noch Hoffnung, eines Tages in Jaffa auf dem Land deines Vaters leben zu können, weil die Vereinten Nationen von Israel verlangten, dass alle Flüchtlinge in ihre Heimat zurückkehren dürften oder, wenn sie das nicht könnten, eine Entschädigung bekämen. Aber wir durften weder zurück noch bekam irgendjemand eine Entschädigung. Nein, es wurde alles immer noch schlimmer.

1967 besetzten die Israelis auch noch den Rest von Palästina, die Westbank und den Gazastreifen. Wieder flohen Tausende von Palästinensern, diesmal in die arabischen Länder. Dein Opa aber sagte: ›Diesmal bleiben wir hier! Man stirbt nur einmal. Wenn wir schon sterben sollen, dann wollen wir in unserem eigenen Land sterben.‹

Und wieder haben die Vereinten Nationen Israel aufgefordert, die Palästinenser in ihre Heimat zurückkehren zu lassen. Und auch das ist jetzt schon einundzwanzig Jahre her und keiner durfte zurückkehren. Ach ja, es ist eine böse Zeit. All der Hass, man müsste ihn aus der Welt schaffen.«

Ich nickte und dachte an meine Schwester Dschamila, die immer noch in irgendeinem israelischen Gefängnis festgehalten wurde.

Und dann fiel mir bei dem, was Oma erzählt hatte, etwas auf. »Ihr seid zweimal durch eine Heirat gerettet worden«, sagte ich. »Zuerst dadurch, dass du Opa geheiratet hast, und dann dadurch, dass Papa die Mama geheiratet hat.«

»Da sagst du etwas, mein Junge«, meinte Oma. »Da sagst du etwas. Das ist die Idee! Juden, Muslime und Christen, alle müssten untereinander heiraten. Keiner sollte jemanden der gleichen Religion heiraten dürfen. Und wenn dann jeder jemanden mit einem anderen Glauben in seiner Familie lieb hat, dann würde keiner mehr auf den anderen schießen.«

Da wünschte ich mir, dass ich ein König wäre. Dann würde ich Omas Idee verwirklichen, damit alle sich vermischen und es keine Feinde mehr gibt.

Ich malte mir das gerade in allen Einzelheiten aus, als meine Schwester Zainab kam, um uns abzuholen. Diesmal war es umgekehrt wie sonst, heute hatte ich bei Oma die Zeit vergessen.

Die große Einkaufsfahrt

»Rahel!«, rief Mustafas Oma ganz früh am Morgen und klopfte an unsere Tür. »Wir wollen jetzt fahren. Kommst du mit?«

Die Leute im Dorf fürchteten sich vor einer weiteren langen Ausgangssperre. Daher wollten die Nachbarsfrauen, solange es noch ging, nach Nablus fahren, um Vorräte einzukaufen. Natürlich hatte der Lebensmittelladen im Dorf die meisten Sachen ebenfalls da, aber nicht in solch großen Mengen und nicht so billig.

Wir brauchten auch noch einiges an Vorräten wie Zucker, Reis, Tee, Seife und so etwas. Zudem war demnächst Ramadan und da fehlten uns noch Walnüsse und Kokosraspel für die gefüllten Pfannkuchen. Aber Papa hatte kein Geld aus Deutschland geschickt.

Deshalb rief Oma bedrückt: »Nein, Hadscha, ich kann nicht mit. Es ist aber lieb von dir, dass du fragst.«

Mama nahm ihre goldene Halskette ab und betrachtete sie nachdenklich. Es war das erste Mal, dass ich die Kette mit den sieben Münzen nicht an ihrem Hals sah. Die Kette war Mamas Brautgabe und das ganze Vermögen, das sie besaß. Niemals, auch nicht im Schlaf, legte sie das wertvolle Schmuckstück ab. Jetzt aber ließ Mama die Münzen durch die Finger gleiten und dann sah ich förmlich, wie sie sich innerlich einen Ruck gab. Sie knüpfte das Band auf, nahm eine der Münzen ab und steckte sie Oma in die Hand. »Hier«, sagte sie, »fahr mit!«

Oma tätschelte Mama den Rücken. »Eine bessere Schwiegertochter hätte ich mir nicht wünschen können«, sagte sie, nahm den großen Korb und forderte mich auf: »Komm, Kamal, du darfst auch mit.«

Ich fuhr gern nach Nablus, auch wenn das bedeutete, dass ich für Oma den Tragesel spielen musste.

Wir trafen die Nachbarsfrauen an der Haltestelle, gerade als der Bus kam, und dann fuhren wir los. Oma setzte sich im Bus vorne hin, ich aber quetschte mich neben Mustafa auf die letzte Bank. Das war unser Lieblingsplatz, weil es beim Fahren hier so herrlich hoppelte.

Kurz vor der Stadt versperrten viele Soldaten die Straße und kontrollierten die Autos. Die Schlange der wartenden Wagen wurde immer länger. Die Soldaten tasteten die Leute gründlich ab und durchsuchten ihr ganzes Gepäck. Es dauerte eine Ewigkeit, bis unser Bus endlich an die Reihe kam.

Zwei Soldaten stiegen ein. Einer stellte sich neben den Busfahrer, sein Maschinengewehr im Anschlag auf uns gerichtet. Der andere Soldat ließ sich die Ausweise zeigen. Als er bei Oma ankam, schaute er ihr ins Gesicht, dann wieder in den Ausweis und noch mal ins Gesicht. Schließlich sagte er etwas und wies zur Bustür, so als ob sie aussteigen sollte. Oma aber wollte nicht aussteigen. Der Soldat redete und redete auf sie ein, sie aber schüttelte nur den Kopf. Da wurde der Soldat böse, warf Oma den Ausweis in den Schoß und ging hinaus. Unser Bus musste, wie all die anderen Fahrzeuge auch, wieder umkehren.

Als wir außer Reichweite der Soldaten waren, stand Umm Ahmad auf, umarmte Oma ganz fest und gab ihr drei Küsse auf die linke und drei Küsse auf die rechte Wange. »Du bist eine von uns!«, rief sie laut. »Jawohl, du gehörst zu uns!«

Und viele der anderen Leute im Bus riefen Sachen wie: »Wenn doch nur alle Juden so wären wie Rahel!«

Ich lief nach vorn, weil ich wissen wollte, was eigentlich los gewesen war. Oma erzählte mir, der Soldat habe sie gefragt, warum sie nicht gleich gesagt hatte, dass sie Jüdin sei, dann hätte sie nicht zu warten brauchen. Sie könne jederzeit in die Stadt gehen. Die Ausgangssperre in Nablus gelte nur für Palästinenser. Oma hatte aber geantwortet: »Entweder kommen wir alle hier im Bus in die Stadt oder gar keiner!«

Ich war mächtig stolz auf sie.

Kurz vor unserem Dorf hielt der Busfahrer an und fragte: »Leute, was machen wir jetzt? Wollt ihr wirklich zurück ins Dorf oder wollen wir nach Jenin fahren und versuchen, da in die Stadt zu kommen?«

Die Idee, dort die Vorräte einzukaufen, fanden alle gut, denn wer wusste schon, was morgen sein würde.

In Jenin gingen wir sofort zum Goldmarkt. Oma holte Mamas Goldmünze aus der Handtasche und schon beim ersten Händler traten wir ein.

»Ich will diese Münze verkaufen«, sagte Oma.

Der Händler nahm gemächlich eine Lupe, hielt sie sich vors Auge und betrachtete die Münze ausgiebig. »Einhundertsechzig Schekel«, sagte er schließlich.

»Was?«, rief Oma entsetzt. »Nur einhundertsechzig Schekel?«

»Ja, Hadscha, nur einhundertsechzig Schekel. Oder gut, einhunderteinundsechzig.«

»Das geht nicht«, sagte Oma. »Das ist osmanisches Gold, vierundzwanzig Karat!«

»Nein, Großmütterchen«, sagte der Händler seelenruhig, »das ist achtzehnkarätiges Gold und die Osmanen hat es nie gesehen. Die Münze ist neu!«

»Dann eben nicht!«, rief Oma und steckte die Münze wieder ein, nahm mich an die Hand und wir gingen hinaus.

Draußen notierte sie sich auf einem Zettel den gebotenen Preis: 1. Händler, 161 Schekel. Dann gingen wir zum nächsten Händler. Und zum dritten und vierten und zum fünften, sechsten und siebten Händler. Jedes Mal notierte sich Oma vor der Tür das Angebot. Alle Goldhändler klapperten wir ab, doch keiner wollte glauben, dass die Münze osmanisches Gold sei, von vierundzwanzig Karat ganz zu schweigen. Manche waren sogar so dreist zu behaupten, das Gold sei nur zwölf Karat! Und keiner bot mehr als einhunderteinundsechzig Schekel.

Als wir alle Goldhändler abgeklappert hatten, gingen wir ganz erschöpft zu dem ersten Händler zurück.

»Wenigstens einer, der eine arme alte Frau nicht betrügen will«, keuchte Oma und ließ sich auf einen Stuhl fallen. »Hast du ein Glas Wasser für mich, mein Sohn?«

Der Händler brachte ihr ein Glas Wasser, aber mit seiner Seelenruhe war es vorbei. »Schnell, Oma, hier ist das Geld«, sagte er. »Gib mir die Münze und dann müssen wir sofort weg von hier. In zehn Minuten ist Ausgehverbot und ich habe es noch weit bis nach Hause.«

Oma stand schnell auf, schob ihm die Münze über die Theke und nahm die einhunderteinundsechzig Schekel.

»Was? Ausgehverbot?«, stammelte sie und drückte meine Hand fester. »O nein, wir müssen doch noch Vorräte einkaufen. Und wie kommen wir dann nach Hause? Wir sind doch aus dem Dorf Warda!« Oma ließ sich wieder auf den Stuhl plumpsen.

Der Händler jedoch scheuchte sie auf und schob uns freundlich, aber unerbittlich nach draußen. Dann schloss er ab. »Komm, Oma«, rief er, »wir haben keine andere Wahl!«

Und wir rannten los. Doch Oma konnte nicht so schnell laufen. Da nahmen wir sie zwischen uns, packten sie am Arm und hasteten weiter.

Die Frau des Goldhändlers stand bereits auf der Türschwelle und wartete auf ihren Mann. Schnell schob sie uns ins Haus und schloss die Tür. »Ich habe mir schon große Sorgen gemacht«, sagte sie und wischte sich ein paar Tränen aus den Augen.

Dann stellte sie das Mittagessen auf den Tisch. Wir

kriegten riesige Portionen und es gab sogar *kunafa* zum Nachtisch.

Zu der Familie gehörten noch zwei Töchter. Normalerweise machte ich mir nichts aus kleinen Mädchen. Aber die Leute waren so freundlich zu uns, da spielte ich eben Fingerspiele mit den beiden. »Das ist dein Onkel Abu Qasim« mochten sie am liebsten und schrien immer verzückt auf, wenn der Spruch bei den Mäusen ankam und ich sie unterm Arm kitzelte. Nach dem zehnten Abu-Qasim-Spiel aber hing es mir schon ziemlich zum Hals raus. Zum Glück fiel das dem netten Goldhändler auf und er ging mit mir ins Treppenhaus.

»Hammad!«, rief er. »Hier ist ein Junge bei uns zu Besuch. Willst du mit ihm spielen?«

»Er kann ja hochkommen«, rief dieser Hammad nicht gerade freundlich.

Mann, war mir das peinlich. Normalerweise musste ich mich nämlich nicht anderen Kindern aufdrängen. Als ich Hammad aber meinen neuen Ringkampftrick gezeigt hatte, wurde er richtig nett und auch seine Freunde akzeptierten mich dann.

Im Treppenhaus gab es eine Rangordnung. Die kleinsten Kinder durften nur am unteren Podest spielen, in der Mitte waren die älteren Kinder und den Großen gehörte das obere Podest. Das hatten Hammad und seine Freunde so bestimmt. Hammads älterer Bruder Khamis saß in einer Ecke im Rollstuhl. Er war querschnittsgelähmt.

Wir spielten mit einer Streichholzschachtel »König, Wesir und Dieb«. Hammad und seine Freunde nannten denjenigen, bei dem die Streichholzschachtel auf die breiteste Seite fiel, nicht Dieb wie bei uns, sondern Bauer. Das fand ich gemein und ich wollte nicht mitspielen. Schließlich einigten wir uns auf Soldat. Da machte das Schlagen mit dem Gürtel doch auch gleich mehr Spaß, natürlich nur für den, der schlug! Ich war zweimal König, die übrigen Male Wesir und nur einmal Soldat.

Alles in allem war es herrlich und ich fand es fast spannender, in so einem Hochhaus zu wohnen als bei uns zu Hause. Ich hätte noch stundenlang so spielen können. Aber da stand Hammad plötzlich auf und lauschte und dann hörten auch wir anderen aus der Ferne den großen Lärm einer Demonstration. Hammad wandte sich an seinen gelähmten Bruder: »Heute nehme ich Rache für dich!«, sagte er und ich war überrascht, wie selbstsicher und erwachsen er auf einmal wirkte.

Überall gingen die Türen auf und die Mütter holten schnell ihre kleinen Kinder aus dem Treppenhaus in die Wohnungen.

»Bist du ein Mann?«, fragte Hammad und stieß mich mit dem Ellbogen in die Seite.

»Natürlich!«, erwiderte ich.

»Dann mach bei der Demonstration mit«, forderte er mich auf.

»Klar!«, rief ich, doch im selben Moment kam Oma die Treppe herauf, packte mich am Kragen und zerrte mich in die Wohnung. »Hier in der Stadt kannst du nicht demonstrieren, Junge!«, sagte sie. »Du würdest ja nicht mal zurückfinden.«

So was Blödes, dachte ich. Und wenn schon, immer noch besser, als dass Hammad und seine Freunde mich für einen Jammerlappen halten!

Ich sah aus dem Fenster und überlegte. Plötzlich fiel mir auf, dass direkt neben dem Fenster die Regenrinne vom Dach hinunterlief.

Oma war mit der Familie des Goldhändlers nebenan im Wohnzimmer. Ich überlegte nicht mehr lange, stieg aufs Fensterbrett und kletterte an dem rostigen Ding vorsichtig nach unten. Dann rannte ich schnell in Richtung Demonstration, die ich nun ganz deutlich hören konnte.

Hammad und seine Freunde warteten an einer Ecke auf den Demonstrationszug. Ich war sehr erleichtert, als ich sie sah.

»Pass auf«, sagte Hammad zu mir, »wenn du mitmachen willst, musst du wissen, dass es gefährlich ist. Jeder ist für sich selbst verantwortlich. Wir wollen nämlich ganz nah an die Schweine rangehen!«

Ich nickte, hob ein paar Steine vom Straßenrand und folgte ihnen. Wir mischten uns unter die Kinder und Jugendlichen, die laut riefen: »O ihr Besatzer, o ihr Besatzer, schert euch raus aus unsrem Land!« Und: »Unsere Seelen und unser Blut opfern wir für dich, o Palästina!«

Ich bemühte mich, nicht zu zeigen, dass ich doch etwas Angst hatte, als plötzlich von zwei Seiten schwer bewaffnete israelische Soldaten auf uns zukamen. Wir hatten noch kaum ein paar Steine geworfen, da fielen bereits in der Nähe Tränengasgeschosse. Ich bekam fast keine Luft, es brannte schrecklich in den Augen und mir wurde furchtbar schlecht. Jeden Augenblick würde ich kotzen müssen.

Würgend stolperte ich hinter Hammad und den anderen her, obwohl ich sie gar nicht mehr richtig erkennen konnte. Irgendjemand drückte mir eine zerquetschte Zwiebel in die Hand. Ich hielt sie mir, wie es all die anderen taten, vor die Nase und atmete den beißenden Zwiebelgeruch ein. Das half ein wenig gegen die Übelkeit, aber mir tat beim Einatmen nach wie vor alles höllisch weh.

Wir warfen andauernd Steine auf die Soldaten, ohne richtig zielen zu können. Als dann direkt neben uns ein Gasgeschoss niederfiel, rannten wir fort. Nur Hammad nicht. Er nahm das Geschoss, dessen Gas noch nicht ganz entwichen war, hielt sich seinen Pullover mit einer Zwiebel darin vor die Nase und lief weiter auf die Soldaten zu.

»Komm zurück!«, schrie ich, doch Hammad rannte weiter und warf das Geschoss mitten in die Soldaten hinein.

Das fand ich klasse. Jetzt durften die selbst mal ihr verdammtes Gas riechen!

Doch dann knallten Schüsse. Trotz des beißenden Nebels sah ich, wie Hammad, mit einem weiteren Geschoss wurfbereit in der Hand, zu Boden fiel.

Ich drehte mich um und lief und lief. In meiner Brust waren tausend Stiche und in meinem Kopf nur Hammad, wie er torkelte und umfiel. Wie durch ein Wunder lief ich immer noch neben einem seiner Freunde her. Oma hatte Recht gehabt. Alleine hätte ich nie zurückgefunden und schon gar nicht in meinem Zustand. Ich heulte wie ein kleines Kind, obwohl ich mich deshalb schämte. Aber ich musste immer an Hammad denken. Ich fühlte mich schrecklich krank und zerschlagen und verkroch mich neben dem Müllcontainer vor dem Haus.

Als ich keine Tränen mehr hatte, ging ich zu Khamis, der in seinem Rollstuhl immer noch an derselben Stelle im Treppenhaus saß.

Ich erzählte ihm, wie tapfer Hammad gewesen war und dass er gut für ihn Rache genommen hatte.

Khamis fing an zu weinen und ich wusste nicht, wie ich ihn trösten sollte. Endlich sagte er leise: »Ich weiß, dass Hammad jetzt im Paradies ist. Ich weine nicht, weil er tot ist, ich beneide ihn sogar. Er ist doch jetzt im siebten Himmel, wo alle Märtyrer hinkommen, die im Kampf um eine gerechte Sache gestorben sind.« Khamis schluchzte auf und wiederholte: »Ich weine nicht, weil er tot ist. Nein, ich weine, weil ich nicht für ihn Rache nehmen kann.«

Ich griff nach seiner Hand und hielt sie fest.

Es dauerte einige Zeit, bis sein Schluchzen leiser wurde. Wir saßen noch lange so da.

Im Laden des alten Luka

Am nächsten Morgen, nachdem die Frau des Goldhändlers ihre Gastfreundschaft noch mit einem guten Frühstück gekrönt hatte, sagte uns ihr Mann, dass die Ausgangssperre in Jenin immer noch gelte und man sich nur von zehn bis vierzehn Uhr in der Stadt bewegen dürfe. Wir sollten daher darauf achten, dass wir Jenin spätestens zu Mittag wieder verlassen hätten.

Nachdem wir uns verabschiedet hatten, drehte ich mich noch einmal um. Oben, in einem der Fenster, sah ich Khamis. »Vergiss Hammad nicht!«, rief er mir nach.

Ich nickte. Als ob ich das, was passiert war, jemals vergessen könnte!

Oma und ich gingen dann zum Markt der Lebensmittelhändler. Ich hätte den Reis, Zucker, Tee, Kaffee, die Walnüsse, Kokosraspel und all das beim erstbesten Händler gekauft, um dann schnell nach Hause zu fahren. Aber Oma bestand darauf, ihre Vorräte nur beim alten Luka einzukaufen.

Der Alte war richtig froh, als er Oma sah. »Na, da sieht man dich endlich auch mal wieder«, sagte er und ich bekam gleich eine Hand voll geröstete Nüsse überreicht. Das fand ich riesig nett.

Sofort begann Luka unsere Bestellung einzupacken und abzuwiegen. Als er beim Kaffee angelangt war, traten ein junger Mann und eine Frau mit einem Säugling auf dem Arm in den Laden.

»Na, wie war es?«, rief Luka dem jungen Mann zu. »Alles in Ordnung?«

»Von wegen in Ordnung«, erwiderte der. »Seit zwei Stunden haben wir in der staatlichen Klinik darauf gewartet, dass wir drankommen. Doch die Warteschlange wird und wird einfach nicht kleiner! Es wimmelt von Leuten wie in einem Ameisenhaufen. Für Männer, Frauen und Kinder gibt es nur einen einzigen Arzt, dabei waren vor der Besatzung, vor zwanzig Jahren, bereits drei Ärzte da!« Und er fragte den alten Luka, ob er ihm nicht eine Arztpraxis nennen könne, wo die Gebühren nicht allzu hoch seien.

»Einen kleinen Moment«, sagte Luka, »das kriegen wir schon hin.« Und er beeilte sich mit unserer Bestellung.

Nach dem Bezahlen fiel Omas Blick auf einen großen Korb mit Datteln in der Ecke.

»Wie viel kosten die Datteln?«, fragte sie.

»Die sind billig«, sagte der alte Luka. »Ich verkaufe sie dir zum halben Preis, ja sogar zum Drittelpreis. Aber ich sage dir im Voraus, da sind Würmer drin.«

»Macht nichts«, meinte Oma. »Die Würmer bestehen auch nur aus Datteln. Die wissen schon, was schmeckt.« Und Oma beschloss sogleich, die Hälfte des Korbs zu nehmen.

Luka gab uns drei große Tüten.

»Packt ein, so viel ihr wollt, und passt gleichzeitig auf

das Geschäft auf. Ich gehe und bringe die Leute hier zu einem Arzt.«

Ich hielt die Tüten auf und Oma schaufelte mit beiden Händen Datteln hinein. Mann o Mann, so viele Datteln hatten wir noch nie gekauft. Aber bald war ja das Fest Id l-Fitr, an dem es immer Dattelkekse gab.

Als die drei Tüten voll waren, brachte ich Oma den tönernen Wasserkrug und goss ihr vor der Tür das Wasser über die Hände, die sie sich gründlich wusch.

Plötzlich hörten wir Demonstranten, die laut Freiheitsparolen riefen. Es fielen auch Schüsse.

Oma wurde nervös. »Was machen wir jetzt? Wo ist Luka? Warum kommt er nicht? Was machen wir mit dem Geschäft?« Sie schaute nach rechts und nach links, ging wieder in den Laden und dann erneut auf die Straße. Neben uns die Geschäftsleute zogen schon die metallenen Rollläden vor ihren Läden herunter. »Was sollen wir bloß machen?«, jammerte Oma und rang die Hände.

Hilflos standen wir da, bis endlich der alte Luka, der Mann und die Frau mit dem Säugling angelaufen kamen.

»Schnell rein mit euch«, keuchte Luka und schob uns alle in den Laden. »Allah behüte uns! Das ist nicht nur Tränengas, diesmal schießen sie mit scharfer Munition!« Und sofort ließ er das Rolltor herunter.

Es wurde ziemlich dunkel im Laden, aber durch die vielen Einschusslöcher im Tor von früheren Schießereien drang doch noch so viel Licht herein, dass man alles erkennen konnte.

Erschöpft ließ sich das Ehepaar auf die Reissäcke sinken. Oma setzte sich auf einen alten, umgedrehten Korb, doch dieser Sitz blieb ihr nicht lange erhalten. Plötzlich machte es knacks! und der Korb brach unter ihrem Gewicht zusammen.

»Allah, Allah!«, rief der junge Mann entsetzt und half Oma wieder auf. Dann bot er ihr seinen Reissack an, aber Luka brachte Oma ein stabiles Höckerchen. Er selbst setzte sich auf eine Kiste. Ich entschied mich für den Sack mit den gerösteten Erdnüssen und begann sogleich im Schutz des Halbdunkels eine nach der anderen zwischen den Beinen hervorzuholen. Das war doch nur Mundraub, dachte ich.

Draußen herrschte ein Riesenkrach. Meine Neugier war groß. Am liebsten hätte ich durch die Einschusslöcher im Rolltor beobachtet, was dort passierte. Omas Hand an meinem Arm aber hielt mich so fest wie eine Zange.

Die junge Frau fühlte die Stirn des Kindes und jammerte: »Es glüht wie Feuer! Was soll ich bloß machen?«

»Wasser«, riet Oma. »Das Kind braucht einen kalten Lappen auf die Stirn und Umschläge auf die Waden.«

Luka holte eilfertig den Wasserkrug.

»Jesus!«, rief er erstaunt aus. »Der Krug ist leer! Und dabei habe ich ihn doch vorhin erst im Kaffeehaus gefüllt!«

Oma schlug die Hände vors Gesicht, stöhnte leise auf, sagte aber nichts. Auch ich hielt dicht. Die Mutter des Babys jammerte noch lauter.

»Ruhig, ruhig«, sagte Luka. »Wir finden schon eine Lösung.« Er ging hinter die Theke und holte ein paar Gurken aus einer Tüte. »Wie gut, dass meiner Alten beim Einkauf heute Morgen die Gurken zu schwer zum Tragen waren«, sagte er. Dabei schnitt er eine Gurke in Scheiben und legte sie dem Baby auf die Stirn. Die Scheiben einer weiteren Gurke ordnete er auf den Waden des Babys an und Oma wickelte fachmännisch das dünne Kopftuch der Mutter darum.

Mann, war das Ganze eine Prozedur! Und der Vater des Kindes lobte unaufhörlich Lukas guten Einfall.

Ich hatte mittlerweile ganz schön Durst gekriegt von den salzigen Erdnüssen. Vielleicht hätte ich mich doch besser auf die getrockneten Bohnen gesetzt!

»Kann ich vielleicht auch eine Gurke haben?«, flüsterte ich Oma zu.

»Da bist du selbst schuld«, entgegnete sie halblaut. »Meinst du, ich wüsste nicht, warum du Durst hast? – Warte ab, erst muss das Fieber des Babys sinken.« Sie gab mir aber doch eine kleine Gurke. »Nur die eine!«, sagte sie.

Darauf lutschte ich also herum und bildete mir ein, es wäre Eis.

Nach einer Weile wurde der Gurkenbelag auf der Stirn des Babys erneuert.

»Oma«, flüsterte ich, »bitte gib mir doch noch eine Gurke. Nur eine klitzekleine. Ich sterbe vor Durst!«

»Bald ist Ramadan, da kannst du ja jetzt schon mal üben«, sagte Oma ärgerlich.

»Darf ich aber vielleicht die da essen?«, fragte ich und zeigte auf die gebrauchten, labberigen Gurkenscheiben des alten Umschlags. Oma sah mich missbilligend an. Aber sie sagte nicht nein. Also schnappte ich mir schnell die dünnen Scheiben, doch die waren so warm und trocken, dass ich von ihnen bald noch mehr Durst hatte als vorher.

Aus lauter Sorge um sein Kind fing der Vater zu schimpfen an: »Die Verfluchten! Was wollen sie noch von uns? Was wollen sie bloß? Unser Land haben sie besetzt. Unsere Häuser haben sie besetzt. In die kahlsten Gegenden und in die Lager haben sie uns getrieben. Alles wollen sie uns wegnehmen, sogar die Luft würden sie uns nehmen, wenn sie könnten!«

»Das tun sie doch, das tun sie doch!«, warf der alte Luka ein. »Sie haben unsere Luft in Gas umgewandelt! Mein Sohn liegt schon seit einer Woche im Bett, weil er zu viel Gas abgekriegt hat.«

Der junge Mann schimpfte lange und ausgiebig. »Ich habe noch keinen einzigen Juden gesehen, der menschlich denkt!«, rief er. »Was ist das bloß für ein herzloses Volk! Sie sind alle herzlos, aber auch alle!«

»Na, na«, unterbrach Luka ihn. »Du hast schon einen Juden mit Herz gesehen, sogar einen barmherzigen.«

»Einen barmherzigen Juden? Das gibt es nicht!«, schimpfte der Mann weiter. »Ist das etwa barmherzig, dass wir noch nicht einmal unser krankes Kind zum Arzt bringen können? Nein, es gibt keinen barmherzigen Juden.«

»Doch, doch«, sagte Luka und zeigte mit dem Finger auf Oma.

Hilfe!, dachte ich, jetzt bringt der Mann vor lauter Wut die Oma um.

»Die Oma? Diese Oma ist Jüdin?«, rief der Mann erschrocken aus. »Das kann doch nicht wahr sein!« Und seine Frau schlug sich die Hand vor den Mund.

»O weh, o weh!«, stotterte der Mann und bat Oma eiligst um Verzeihung. Dann sagte er nichts mehr und saß nur mit rotem Kopf da.

Oma klopfte ihm begütigend auf den Rücken und meinte: »Macht nichts, junger Mann, macht nichts.«

Die Frau drückte Oma die Hand und lächelte ihr zaghaft zu. Unbeirrt begann Oma dann, einen neuen Gurkenumschlag für das Kind vorzubereiten.

Als das Baby versorgt war, kam es wieder zu einer der ewigen Diskussionen über die Völkerverständigung. Das war immer so, wenn Leute erfuhren, dass Oma Jüdin war. Es ging also hin und her, was man tun müsse, damit nicht noch mehr Blut vergossen werde und endlich Frieden herrsche. Wir hatten alle den Kriegszustand satt und waren uns einig, dass dieses Elend ein Ende haben müsse und alle zusammen in Frieden leben sollten. Aber jeder vertrat eine andere Meinung, was die Lösung des Problems anbetraf.

Am meisten beeindruckte mich der alte Luka. Er erzählte eine Geschichte: »Es waren einmal drei Bauern. Der eine hatte einen Brunnen, der andere einen Eimer und der dritte ein Seil. Sie waren aber verfeindet und keiner wollte mit dem anderen etwas zu tun haben. Für sich, ihre Familien, ihr Vieh und ihr Land brauchten sie jedoch Wasser. Das Wasser war auch da, nur konnten sie es nicht erreichen. Dem Brunnenbesitzer fehlten ein Eimer und ein Seil, dem Eimerbesitzer ein Brunnen und ein Seil und dem Seilbesitzer ein Brunnen und ein Eimer. Dumm wie sie waren, kamen sie gar nicht auf die Idee, sich zusammenzutun. Im Gegenteil, jeder saß da und bewachte eifersüchtig seinen Besitz. Und wenn einer von ihnen nicht aufpasste, wurde er von den anderen bestohlen oder der Brunnen besetzt. So gab es jeden Tag Streit und Kampf bis aufs Blut. Das schürte ihren Hass aufeinander immer mehr. Die Felder vertrockneten, das Vieh war nur noch Haut und Knochen und schließlich waren auch die Bauern und ihre Familien kurz vor dem Verdursten.

Da kam ein weiser Fremder auf seinem Pferd herangeritten, der auch Durst hatte und sich und sein Pferd erfrischen wollte. Als er sah, welch schreckliche Zustände bei den drei Bauern herrschten, war er entsetzt und fragte, was los sei. Die Bauern erzählten ihm die Geschichte. Da versprach der Fremde jedem, der ihm seinen Besitz auslieh, einen Eimer Wasser, der sie vor dem Verdursten retten würde.

Die Bauern waren sehr glücklich über diesen Vorschlag und jeder gab dem Fremden bereitwillig, was er hatte: das Seil, den Eimer und die Erlaubnis, den Brunnen zu benutzen.

Der Fremde schöpfte Wasser, gab den Bauern davon ab und erfrischte sein Pferd und sich selbst.

Als die Bauern ihren quälenden Durst gelöscht hatten, betrachteten sie ihr früheres Verhalten plötzlich mit anderen Augen. Sie erkannten ihre große Dummheit und taten sich nun zusammen. Gemeinsam schöpften sie Wasser aus dem Brunnen, versorgten ihre Familien damit, tränkten das Vieh und bewässerten das Land. Und seitdem lebten sie glücklich in Frieden und Wohlstand zusammen.«

Ich verstand sofort, was der alte Luka mit seiner Geschichte sagen wollte. »Warum machen wir das nicht auch so?«, rief ich aus.

»Das können wir nicht«, erwiderte er.

»Aber warum denn nicht? Wir sitzen doch auch hier friedlich zusammen und du bist Christ, Oma ist Jüdin und wir sind Muslime.«

»Ja, Junge, wir, das Volk, wir könnten uns schon einigen, wir sehnen uns alle nach Frieden.«

»Warum machen wir es denn dann nicht?«, rief ich. »Warum gibt es keinen Frieden?«

»Weil die Anführer der Gruppen dieses Landes so dumm wie die drei Bauern sind«, meinte Luka laut. Er sprang auf und schlug mit der Faust auf die Verkaufstheke. »Sie können sich nicht einigen. Und am schlimmsten sind die religiösen Fanatiker.«

»Richtig«, fiel der junge Mann ein. »Aber was soll man machen?«

»Da gibt es nur eine einzige Lösung«, meinte der alte

Luka entschieden. »Man muss sich die Anführer – und zuallererst die religiösen Anführer, nämlich den Bischof, den Mufti und den Rabbiner – vorknöpfen. Man muss sie aus ihrem Zuckerwatteleben herausholen. Sie sitzen, von Leibwächtern umgeben, in ihren Villen und genießen das süße Leben, weit weg von Schießereien und Tränengas. Man muss sie fangen und zusammen in einen kleinen Raum einsperren, genau so wie wir jetzt hier sitzen. Und draußen müssen auch Schüsse fallen und durch alte Einschusslöcher im Tor muss beißendes Tränengas dringen. Und dann bekommen sie vierundzwanzig Stunden Zeit. Wenn sie innerhalb dieser Frist nicht eine friedliche Lösung für alle gefunden haben, eine Lösung, die allen gleiche Rechte garantiert, dann bleibt nur noch eines – nämlich alle in einen Topf zu werfen und Eintopf aus ihnen zu kochen, jawohl!« Und Luka ließ sich wieder auf seine Kiste fallen.

Ha, dachte ich, das wäre eine tolle Lösung! Ich sah es förmlich vor mir: Ein großer Kessel über einem noch größeren Feuer und oben schauten, von Dampf umwölkt, der Turban des Mufti, die Mütze des Bischofs und das Käppi des Rabbiners heraus. Und Luka rührte mit einem großen Holzlöffel kräftig um, schmeckte das Ganze ab und verzog das Gesicht.

Über dieser Vorstellung schlief ich ein.

Als Oma mich weckte, war es Morgen. Mein erster Blick galt dem kranken Kind. Es war vollständig in ein Tuch eingewickelt. Ich zuckte zusammen. Also hatten auch die Gurkenumschläge nicht mehr helfen können. Die Mutter des Babys weinte leise vor sich hin. Sie sah so aus, als hätte sie schon die ganze Nacht hindurch geweint. Auch mir stiegen die Tränen in die Augen und ich war irgendwie froh, dass wir uns verabschiedeten, denn sonst hätte ich bestimmt noch richtig geweint.

Vorsichtig schlich ich hinter Großonkel her durch die Gassen unseres Dorfes. Heute sollte die Verlobung meines Vetters Ismail mit Madiha, der Tochter des Fleischers, stattfinden.

Obwohl kein Ausgehverbot herrschte, war es doch verboten, dass sich mehr als fünf Personen versammelten. Aber eine Verlobungsfeier mit fünf Leuten wäre ja keine richtige Feier gewesen. So zogen also die engsten Angehörigen unserer Familie vorsichtig zum Haus des Fleischers am Dorfrand, wo Madihas Familie uns schon erwartete. Außer leisen Schritten auf der Straße und ab und zu einem Flüstern hörte man nichts und nach jedem Gast wurde die Haustür wieder verschlossen.

Von Feststimmung war nichts zu spüren, als Ismails Vater schließlich mit dem Verlobungszeremoniell begann und für Ismail bei dem Fleischer um Madihas Hand anhielt. Der war auch sofort einverstanden. Das hatten sie nämlich schon längst vorher abgemacht. Dann gingen Ismail, sein Vater und der Fleischer mit Großonkel und dem Imam als Zeugen in den Raum nebenan, wo die Frauen waren, um auch Madihas Jawort zu holen.

»Madiha, meine Tochter«, sprach der Fleischer so laut, dass wir alle mithören konnten, »hier ist die Sippe An-Naddschar und bei Allah, das ist die ehrenwerteste Sippe in unserer Gegend weit und breit. Sie halten bei mir für Ismail um deine Hand an. Und bei Allah, er ist ein guter Junge und einen besseren Ehemann für dich könnte ich mir nicht wünschen. Was sagst du nun dazu?«

Sosehr wir uns auch bemühten und die Ohren aufsperrten, konnten wir nichts mehr von dem hören, was im Nebenzimmer vor sich ging. Alles war still. Wir Männer sahen uns besorgt an, als der Krach auch schon losging.

»Nun weine doch nicht!«, rief eine Frau.

»O Madiha!«, jammerte eine andere.

»Das sind nur die Freudentränen«, übertönte die Stimme von Madihas Mutter alle anderen.

Und dann hörten wir Madiha selbst: »Das ist also die einmalige Feier, die du mir versprochen hast, Ismail? Alles mucksmäuschenstill und als ob wir ein Verbrechen begingen? O nein, so verlobe ich mich nicht! Entweder wird richtig gefeiert oder wir lassen es ganz sein!«

Da hörten wir lautes Klatschen und Zustimmungsrufe von den Frauen.

»Seid still! Seid doch still!«, rief jemand dazwischen. »Bringt kein neues Unheil über das Dorf!«

Dann kamen die Männer wieder zu uns zurück und es entspann sich eine Diskussion, was nun zu tun sei.

Der fiese Schuldirektor, der auch ein Verwandter von Madiha war, sagte: »Das Mädchen hat eine Tracht Prügel verdient! Sie will wohl mit aller Gewalt auf unsere Zusammenkunft aufmerksam machen. Dabei ist es sehr unklug, die israelische Besatzung noch mehr zu reizen. Das bringt nur unnötiges Leid, wo Palästina doch sowieso demnächst befreit wird. Wir müssen nur noch ein wenig Geduld haben. Die arabischen Länder meinen es diesmal ganz ernst mit der Befreiung Palästinas. Alle sind entschlossen und einer Meinung. Bald werden die Panzer rollen und unser Land befreien.«

Da räusperte sich der Imam vernehmlich und sagte: »Was redest du da für einen Schwachsinn? Die arabischen Länder, ha! Die können sich doch noch nicht einmal darauf einigen, wann der Ramadan beginnen soll! Wenn Ägypten anfängt zu fasten, fastet Saudi-Arabien noch lange nicht. Wenn dann in Saudi-Arabien der Ramadan anfängt, hat Irak immer noch nicht den Neumond gesehen. Wie soll so ein uneiniger Haufen sich jetzt plötzlich gemeinsam für unsere Sache einsetzen? Nein, ich glaube an keine arabischen Brüder mehr. Wir müssen uns auf uns selbst verlassen, auf unsere Steine. Die sind unsere einzige Hilfe. Wenn die Steine sprechen könnten, würden sie das Gleiche sagen.«

O Mann, die Verlobung war wohl schon vergessen. Nun waren sie wieder bei der leidigen Politik angelangt.

Dawud, einer der Söhne des Schusters, warf ein: »Herr Schuldirektor, erlauben Sie mir, eines zu sagen. Wenn man Sie so reden hört, könnte man glatt meinen, Sie wären ein ausgekochter Verräter, der uns einlullen will!«

»So darfst du mit dem Schuldirektor nicht reden«, versuchte Dawuds Vater seinen Sohn zu bremsen. »Schämst du dich nicht?«

»Nein, ich schäme mich nicht. Ich habe mich genug geschämt. Ihr habt euch das ganze Leben lang geschämt, eure Meinung zu sagen, und habt vierzig Jahre lang auf die so genannten arabischen Brüder gehofft. Wozu? Haben sie uns geholfen? Nur immer große Sprüche geklopft haben sie und das Maul aufgerissen, sie würden die Israelis ins Meer schmeißen. Hat irgendjemand von euch auch nur einen einzigen Israeli im Meer landen sehen?«

Das war dem Schuldirektor nun doch zu viel. Abrupt stand er auf und rief: »In solch einer Gesellschaft will ich keine Sekunde länger bleiben.« Und er rauschte hinaus.

Keiner versuchte ihn aufzuhalten. Ich glaube, die anderen waren genauso froh wie ich, dass er ging.

Madihas Bruder meinte noch: »Ja, das mit den arabischen Brüdern ist doch alles Blödsinn! Wir sollten uns nur auf uns selbst verlassen, nicht auf die arabischen Schwätzer. Es muss ein demokratisches Palästina für alle geben, für Muslime, Christen und Juden. Da die Israelis das aber nicht wollen, müssen wir sie eben mit unseren Steinen dazu zwingen.«

Bevor noch irgendjemand etwas darauf erwidern konnte, rief Madihas Großvater: »Ich finde, wir sollten feiern, komme was wolle. Wir dürfen uns nicht einschüchtern lassen, sonst können wir uns ja gleich begraben lassen!«

»Jawohl«, stimmte Großonkel ihm zu und stand auf. »Wenn wir weiterhin so kuschen, dürfen wir demnächst noch nicht einmal mehr einen lauten Furz lassen. Her mit der Trommel!« Und er begann auf ihr zu schlagen, wobei er ein paar Zeilen für ein patriotisches Lied dichtete:

»O wie schön
ist deine Erde,
o Palästina.
Ja, bei Allah,
wir haben keine Angst vor den Besatzern,
o Palästina!«

Obwohl Großonkel überhaupt keinen Takt halten konnte, genügte sein Gesang jedoch, die Frauen im Nebenzimmer zu ermuntern, nun ihrerseits das Freudengetriller anzustimmen.

Großonkel reichte die Trommel an den richtigen Trommler weiter, der herrlich den Rhythmus vorgab und dazu sang:

»Wenn unsere Steine sprechen, ja sprechen,
werden die Panzer der Besatzer zerbrechen,
ja zerbrechen!
Leute, lasst euch nur nicht unterkriegen,
denn unsere Steine, ja, die werden siegen!«

Jetzt wurde es eine richtige Verlobungsfeier. Madiha gab ihr Jawort, die Frauen trillerten, der Trommler sang und alle klatschten in die Hände.

Doch gerade als Ismails Mutter die Süßigkeiten hereinbrachte, hörten wir das Geräusch von Militärfahrzeugen.

Wir Jüngeren waren im Nu verschwunden. Zum Glück lag das Haus so nah an den Feldern, da gab es viele Verstecke. Die Älteren aber konnten nicht so schnell reagieren. Vier von ihnen wurden aufgegriffen und verhaftet. Großonkel entwischte den Soldaten nur knapp.

»Was meinst du, Großonkel«, fragte ich ihn, als ich abends nach dem Essen in seinem Zimmer saß. »Können wir mit unseren Steinen wirklich die schwer bewaffneten Soldaten besiegen?«

»Aber sicher«, erwiderte er, »natürlich können wir sie besiegen. Auch ein Aufstand ohne Schusswaffen kann erfolgreich sein. Schau dir doch ihn an!« Und er zeigte auf die Wand, wo ein winziges, vergilbtes Foto hing.

Im Gegensatz zu mir mochte Großonkel keine Bilder an den Wänden und sein Zimmer war daher auch ziemlich kahl. Aber dieses eine Foto war eine Ausnahme. Es steckte sogar in einem verzierten Rahmen und Großonkel hütete es so sorgfältig, dass meine Schwestern dem Bild beim Staubwischen noch nicht einmal nahe kommen durften, denn Großonkel fürchtete, es könnte herunterfallen. Nur er selbst durfte das Bild abstauben.

»Kennst du den Mann auf dem Foto?«, fragte er mich.

»Klar, das ist Mahatma Gandhi«, erwiderte ich.

»Richtig, und er hat genau das bewiesen, nämlich dass ein gewaltloser Widerstand zur Freiheit führen kann. Er hat gegen die damals größte Kolonialmacht, die Engländer, gesiegt. Und wenn er es nur mit Verweigerung geschafft hat, werden wir es doch wohl auch schaffen können, wo wir neben Streiks auch noch unsere Steine haben.«

Die Verwüstung

Der Fastenmonat Ramadan hatte angefangen. Zum Frühstück, das wir vor der Morgendämmerung zu uns nahmen, gab es Rührei, Pferdebohnen, Radieschen und Paprikaschoten. Alle hatten von dem Paprika gegessen, aber ich hatte natürlich die einzige scharfe Schote erwischt.

Mann, das brannte höllisch! Obwohl mir Mama die Hälfte des Aprikosengetränks verabreichte, um die Schärfe zu löschen, nützte das wenig. Zainab meinte boshaft, ich hätte ja nicht so gierig in die Schote hineinzubeißen brauchen. Aber das war ungerecht, denn erstens hatte ich nur so hastig gegessen, weil bis zur Morgendämmerung, dem Fastenbeginn, nicht mehr viel Zeit blieb, und zweitens – woher sollte ich wissen, dass eine scharfe Schote zwischen dem süßen Paprika lag!

Jetzt hatte ich immer noch Feuer im Mund. Und das, wo ich doch bis zum Sonnenuntergang aushalten musste! Bis dahin durfte man weder etwas essen noch trinken. Wie sollte ich da das Brennen löschen?

Um mich abzulenken, begleitete ich Großonkel zu unserem Stück Land, um Unkraut zu jäten. Normalerweise ging er immer etwas später, nämlich bei Sonnenaufgang. Weil aber Ramadan war und man es in der Sonnenhitze auf dem Feld ohne zu trinken nicht aushalten konnte, nutzte Großonkel die Kühle der Morgendämmerung für die Landarbeit und kam schon am Vormittag wieder zurück. Das machten alle Bauern so.

Als wir uns den Feldern näherten, hörten wir lautes Klagen und Geschrei.

»Allah behüte!«, rief Großonkel aus und hob seine Hände gen Himmel. Er spornte seinen Esel an und zitierte den Thronvers aus dem Koran:

> »Allah! Es gibt keinen Gott außer Ihm, dem Lebendigen, dem Ewigen, der weder schlummert noch schläft. Sein ist, was in den Himmeln und was auf Erden ist. Wer kann bei Ihm fürbitten ohne Seine Erlaubnis? Er weiß, was vor ihnen und hinter ihnen ist, und sie begreifen nichts von Seiner Allwissenheit, nur so weit Er es will. Sein Thron umfasst die Himmel und die Erde und es ist Ihm keine Last, sie zu behüten. Und Er ist der Erhabene und Mächtige.«

Unten im Tal standen die Bauern unseres Dorfes aufgeregt zusammen. Um unsere einzige Wasserquelle war ein hoher Stacheldrahtverhau gezogen worden und zwei jüdische Siedler mit Gewehren standen Wache. Jetzt hatten sie mit unserer Quelle dasselbe gemacht wie mit dem Land und der Quelle des Nachbardorfes.

Mein Vetter Ismail rief empört: »Schaut euch die Hundesöhne an! Reicht es ihnen nicht, dass sie schon die größte Quelle der Gegend besetzt haben? Jetzt wollen sie auch uns noch die Lebensgrundlage nehmen!«

Die Siedler hatten bereits eine Pumpe installiert und

Rohre gelegt, durch die das Wasser zu der neuen jüdischen Siedlung geleitet wurde.

»Ja, und seht nur wofür, wofür!«, rief der Fleischer außer sich vor Wut und zeigte nach rechts zum Hügel. »Für ein Schwimmbad! Habt ihr das gesehen? Unsere Felder sollen vertrocknen und wir sollen verdursten, nur damit ein paar verwöhnte Juden im Wasser planschen können!« Seine Stimme überschlug sich.

Tatsächlich! Die Rohre führten direkt zu einem blaugrün schimmernden, rechteckigen Becken.

»Das werden wir nicht zulassen«, sagte Ismail gefährlich leise und dann lauter: »Das können sie mit uns nicht machen!« Und er sah sich nach zum Werfen geeigneten Steinen um.

»Wenn uns die Führer der Intifada nur endlich Waffen geben würden«, schrie Khalil aus der Menge, »dann könnten wir uns auch richtig verteidigen!«

»Wir haben die Steine, um uns zu verteidigen«, rief Misbah, unser Bürgermeister, und hob drei große Brocken auf. »Und das werden wir auch tun. Das muss genügen.« Und wie ein mutiger Löwe lief er auf die Wache stehenden Siedler los.

Wir anderen unterstützten ihn kräftig, und als unser Steinehagel die beiden Siedler beinahe erreichte, gaben sie ein paar Schüsse auf uns ab, dann aber rannten sie fort.

Wir rissen den Stacheldraht weg und stellten die Pumpe ab. Khalil und seine Freunde begannen, die Rohre kaputtzuschlagen. Wir anderen standen mit Steinen in den Händen da und warteten, ob die zwei Wächter mit Verstärkung zurückkommen würden. Aber es kam keiner.

Eine Stunde warteten wir so an der Quelle, als wir wieder Geschrei hörten. Diesmal kam es von oben aus unserem Dorf. Wir rannten, was das Zeug hielt, zurück.

Dort erwartete uns ein großer Schrecken. Die jüdischen Siedler hatten unsere Abwesenheit ausgenutzt und waren in das Dorf eingedrungen. Wir konnten sogar noch sehen, wie sie wieder in den Feldern verschwanden.

Im östlichen Teil unseres Dorfes hatten sie alles, was sie in die Finger bekamen, zerstört. Sie hatten Fensterscheiben eingeschlagen, Autos und Traktoren demoliert, Ställe geöffnet und Weinlauben umgerissen. In den Innenhöfen liefen verstörte Katzen und kreischendes Federvieh zwischen Glasscherben umher. Und in den Häusern sah es nicht besser aus.

Auch bei uns hatten die Einbrecher schlimm gewütet. Drei unserer Stühle hatten keine Beine mehr, die Gardinen waren heruntergerissen und der Fernseher war eingeschlagen. Doch am schlimmsten sah es in der Küche aus. Auf dem Boden türmte sich ein Haufen aus allen unseren Vorräten. Reis, Salz und Kichererbsen, Zucker, Rosinen und Olivenöl, Essig und Eingemachtes – alles hatten die jüdischen Siedler durcheinander geworfen. Die Getreidesäcke waren aufgeschlitzt und darüber hatten sie unseren gesamten Wasservorrat gegossen und noch den Eierkarton ausgekippt. Bei Mustafa nebenan hatten sie sogar noch den Kanister mit Kerosin gefunden und darüber geschüttet. Bis zu uns herüber stank es danach und das Jammern von Mustafas Mutter war nicht zu überhören.

Großonkel hielt sich den Magen und ließ sich auf eine umgestürzte Kiste fallen. Bei uns hatten die Verwüster zwar nicht Kerosin darüber gegossen – weil wir nämlich gar keins mehr hatten –, aber dafür schwammen die Mandeln, Linsen und Trockenfrüchte in der öligen, knoblauchgewürzten Brühe von Mamas eingelegten Auberginen. Davon hatten wir dieses Jahr fünf große Gläser gemacht, weil Großonkel so gerne Auberginen in Öl aß.

Meine Schwester Salwa scharrte in einer Ecke des Haufens herum und holte weiß bestäubte Datteln aus dem mit Salz vermischten Milchpulver hervor. Nach notdürftigem Abwischen steckte sie sich die Früchte dann einfach in den Mund.

Mama und Oma rauften sich vor Verzweiflung die Haare. Sie wussten nicht, wo sie zuerst mit dem Aufräumen anfangen sollten. Soweit ich es beurteilen konnte, war sowieso nicht mehr viel zu retten.

Noch während wir hilflos herumstanden, kam Fathija, die Tochter der alten Hebamme, angelaufen. Sie war ja nun im Gemeinderat und kümmerte sich um viele Dinge. Jetzt lief sie durch die Straßen und rief allen Leuten zu, dass diejenigen, deren Vorräte nicht mit Kerosin getränkt seien, schnell handeln müssten, sonst würde alles verklumpen. Bei den anderen war sowieso nichts mehr zu retten. Wir aber sollten alles so gut es ging sortieren und dann das Getreide, die Hülsenfrüchte, Nüsse und Trockenfrüchte mit warmem Wasser abwaschen.

Von Sortieren konnte bei uns eigentlich keine Rede sein, denn alles war nass und ölig. Und waschen konnten wir auch nichts, weil unser ganzes Wasser über die Getreidesäcke geschüttet worden war. Mama holte in ihrer Verzweiflung eine Hand voll Kichererbsen, Rosinen und Nüsse aus dem Papp. Sie waren aber so schmierig und rochen so stark nach Knoblauch, dass Mama sie wieder auf den Haufen zurückwarf.

Meine Schwester Zainab jedoch war nicht so leicht aus der Ruhe zu bringen. Sie holte an der trockensten Ecke die harten Sachen hervor und wischte Mehl, Salz, Zucker und was sonst noch daran klebte, ab. Dann machte sie, nach Sorten getrennt, kleine Häufchen, die später gewaschen werden sollten. Aber hauptsächlich beschäftigte sie sich mit ihren geliebten Erdnüssen.

Auch Großonkel raffte sich auf und rettete ein paar eingelegte Auberginen, ehe er mir den Auftrag gab, die leeren Kanister zu nehmen und Wasser zu holen. Ich fing also unseren Esel ein und ritt los.

Auf dem Weg zur Quelle traf ich die anderen Jungen aus unserem Dorf, denen Wut und Schreck noch in den Gesichtern geschrieben standen. Wir redeten kaum etwas miteinander, versuchten nur so schnell wie möglich voranzukommen. Als wir noch ein ganzes Stück von der Quelle entfernt waren, wurden wir bereits beschossen. Wir ritten eine kurze Strecke zurück und überlegten, was wir nun tun sollten. Wenn auch nur ein Teil unserer Vorräte zu Hause gerettet werden sollte, blieb uns nichts anderes übrig, als zur nächsten Quelle zu reiten. Die war ganze sieben Kilometer entfernt.

Als ich endlich mit dem Wasser zurückkam, waren die anderen mit dem groben Sortieren fertig. Hülsenfrüchte, Nüsse und andere Vorräte lagen nun als kleine, zusammengeklebte Häufchen auf dem Boden. Oma machte das Wasser warm und begann die Waschaktion mit den Kichererbsen. Sie rubbelte die verkrusteten Kügelchen so gut es ging ab und wir mussten sie dann trocken reiben und auf Tüchern ausbreiten. Dann kamen die Pferdebohnen dran. Wir hatten noch nicht einmal ein Viertel von allem gewaschen, als das Wasser schon alle war.

Ich nahm die leeren Kanister und wollte eine zweite Ladung Wasser holen, aber Großonkel verbot es mir. Er meinte, das sei jetzt in der Dunkelheit zu gefährlich. Also blieb alles über Nacht so liegen.

Am nächsten Morgen waren dann Öl, Salz und der Zucker so gründlich in die anderen Esswaren eingedrungen, dass wir uns weitere Waschaktionen gleich sparen konnten.

Später kam der Bürgermeister Misbah zu Besuch. Er redete nicht viel, sondern ging mit Großonkel in dessen Zimmer. Dort unterhielten sie sich lange. Ich stellte mich vor die Tür und lauschte. Gerade sagte der Bürgermeister: »Es ist doch merkwürdig. Allen Leuten hier im Ostteil von Warda wurden die Vorräte ungenießbar gemacht und ihr Hab und Gut kurz und klein geschlagen. Nur das Haus des Schuldirektors blieb unversehrt und dabei steht es genau mittendrin. Das ist doch reichlich sonderbar, oder?«

Ha, dachte ich, jetzt fällt also auch bei ihm der Groschen und er merkt, dass der Schuldirektor mit den Israelis unter einer Decke steckt. Dabei hatten sie mich alle als Lügner abgestempelt, als ich damals die Geschichte mit Umm Raschids Halskette erzählte.

Als Misbah dann wieder aus Großonkels Zimmer herauskam, sagte er zu mir: »Kamal, komm bitte nach dem Mittagsgebet zu mir.«

Ich gab keine Antwort, denn ich hatte überhaupt keine Lust, alles noch einmal zu erzählen, nur weil er sich jetzt dazu bequemte, mir zu glauben.

In der Schlangenhöhle

Nach dem Mittagsgebet kam Suhail, einer der Brüder des Bürgermeisters, zu uns. Schon vor der Haustür rief er: »Kamal, Misbah wartet auf dich!«

»Ich kann jetzt nicht«, rief ich zurück, »Großonkel braucht meine Hilfe.«

Großonkel aber hatte meine Lüge mitgekriegt. »Was schreist du da?«, sagte er. »Ich dachte, du wärst schon längst weg. Den Bürgermeister lässt man nicht warten.«

»Aber ich habe keine Lust, die Sache mit Umm Raschids Halskette noch einmal zu erzählen«, murrte ich. »Letztes Mal haben mich alle für einen Lügner gehalten und du auch!«

Großonkel redete mir aber gut zu, so dass ich schließlich doch zum Bürgermeister ging.

Dort sank ich sofort aufs Sofa, so kaputt war ich vor lauter Durst. Dieser elende salzige Frühstückspapp! Mama hatte gestern Abend noch etwas von dem verklebten Haufen genommen und einen Eintopf daraus gekocht, den wir heute Morgen als Ramadan-Frühstück vorgesetzt bekamen. Das Essen hatte einen gräulichen, salzig-süßsauren Knoblauch-Einheitsgeschmack.

Misbah kam sofort zur Sache.

»Ich glaube, du kannst den Lehrer Raschid sehr gut leiden«, begann er.

»Klar kann ich ihn gut leiden«, erwiderte ich. »Alle Schüler mögen ihn.«

»Ich mag ihn auch«, sagte Misbah, »und ich glaube, du könntest Recht haben mit dem, was du damals über den Schuldirektor gesagt hast. Trotzdem ist das eine sehr gefährliche Sache. Ich hoffe, du bist dir darüber im Klaren, was so eine Anschuldigung bedeutet. Damals hat dir keiner recht geglaubt. Ich aber kann mir nun doch vorstellen, dass so etwas passiert ist.« Dann sah er mich besonders eindringlich an. »Bitte, Kamal, sag mir die Wahrheit. Das ist kein Spiel, mit dem man einfach wieder aufhören kann. Das hat Auswirkungen, bei denen es um Leben oder Tod gehen kann, verstehst du? Wenn du dir die Geschichte nur ausgedacht hast, dann sag es mir jetzt gleich. Vielleicht hattest du ja einen guten Grund, auf den Schuldirektor sauer zu sein, weil er dir zum Beispiel eine schlechte Note gegeben hat oder dir eine runtergehauen hat. Wenn das so ist und du es mir sagst, kann ich versuchen, beim Schuldirektor ein gutes Wort für dich einzulegen. Und was diese Geschichte mit der Halskette betrifft, das werde ich dir verzeihen und alles vergessen.«

Als ich Misbah aber dann hoch und heilig versicherte, die Wahrheit und nichts als die reine Wahrheit gesagt zu haben, nickte er und meinte: »Gut!« Dann musterte er mich von Kopf bis Fuß.

O weh, dachte ich, jetzt macht er bestimmt irgendeine Bemerkung über den kaputten Reißverschluss an meiner Hose.

Doch Misbah schüttelte nur nachsichtig den Kopf und meinte: »Mann, du siehst ja aus, als seist du völlig fertig. Fastest du etwa?«

»Klar faste ich«, erwiderte ich und erwartete, dass er mir jetzt sagen würde, ich sei noch zu jung dazu.

Man wusste ja nie, was den Erwachsenen alles einfiel, wenn es darum ging, einem das Alter unter die Nase zu reiben. Und am schlimmsten waren die Siebzehn-, Achtzehnjährigen, die sich einbildeten, schon mächtig erwachsen zu sein. Aber der Bürgermeister Misbah hatte wohl doch einen anderen Grund.

»Hm«, sagte er, »meinst du, du könntest in deinem Zustand noch eine Strecke laufen?«

»Hunger habe ich keinen«, erwiderte ich, »nur schrecklichen Durst.«

»Hier, dann trink doch!« Misbah gab mir ein Glas Wasser. »Aber Bürgermeister«, entgegnete ich, »ich habe doch eben schon gesagt, dass ich faste!«

»Ja, ja, aber in deinem Zustand kannst du nicht mitmachen bei der Sache, die ich plane. Vielleicht müssen wir flüchten und dabei weit rennen. Das, was uns erwartet, ist kein Zuckerschlecken!«

Mann, er redete mit mir, als wollte er mir Angst machen. Was er wohl vorhatte?

»Aber bis zum Sonnenuntergang ist es doch gar nicht mehr so lang«, sagte ich, um zu verhindern, dass er mich herumkriegte und mein Fastentag dann ganz umsonst gewesen war.

»Doch, doch«, erwiderte Misbah, »die Zeit bis zum Sonnenuntergang genügt, um die ganze Welt dreimal untergehen zu lassen.« Er drückte mir das Glas in die Hand und zitierte den Koranvers: »Wer aber gezwungen ist, etwas Unerlaubtes zu tun, ohne dass es mit Absicht geschieht, und er es nicht wiederholt, den wird Allah nicht bestrafen.«

Ich fühlte mich so k. o., dass ich mich nicht noch ein drittes Mal überreden ließ, sondern gierig das Wasser trank. Außerdem hatte ich ja keine schlechte Absicht, im Gegenteil, mein Fastenbrechen würde, so wie es klang, einem guten Zweck dienen.

»Kennst du die Höhle auf dem Berg hinter der Schule?«, fragte Misbah dann. »Die neben der dicken Hecke aus Feigenkakteen?«

»Klar«, erwiderte ich. Ich kannte nämlich jede auch noch so kleine Höhle in unserer Gegend. Aber in der war ich noch nie gewesen, weil manche Kinder sagten, sie sei eine Schlangenhöhle.

Misbah gab mir seine Armbanduhr, eine ganz tolle mit goldenem Armband.

»Hier«, sagte er ernst, »nimm meine Uhr. Wenn der Zeiger auf Punkt vier steht, musst du bei der Höhle sein. Rufe aber nicht! Du darfst während der ganzen Aktion keinen einzigen Ton von dir geben. Ist das klar?«

Das war mir überhaupt nicht klar und ich fragte: »Was ist das denn für eine Aktion?«

»Ich habe jetzt keine Zeit, dir die Sache im Einzelnen

zu erklären«, sagte Misbah, »aber man darf dich auf keinen Fall sehen.«

Punkt vier Uhr war ich bei der Höhle, aus der laute Stimmen drangen. Misbah wartete bereits nebenan im Gebüsch auf mich.

»Pst!«, flüsterte er mir zu. »Da drinnen sind vier von unseren Jungs. Die haben den Schuldirektor entführt, weil er in Verdacht steht, für die israelischen Besatzer zu spionieren. Gleich wird er ausgefragt. Ich setze mich genau in den Eingang. Du hockst dich direkt hier neben mich, damit du hören kannst, was gesprochen wird, aber keiner dich sieht. Ich schaue dann öfter zu dir rüber und du nickst ein ›Ja‹, wenn der Direktor die Wahrheit sagt, und ein ›Nein‹, wenn er lügt. Alles klar?«

Ich nickte ein »Ja« und bezog Posten.

Dann ging es los. Die Jungen in der Höhle stellten dem Schuldirektor Fragen über Umm Raschids Kette. Er gab aber nur lauter Lügen zur Antwort. Ich musste so oft den Kopf nach oben reißen*, dass mir der Hals schon wehtat. Und als der Direktor dann ein langatmiges Märchen über seine Unbestechlichkeit zum Besten gab, hielt ich es nicht mehr aus. Ich musste einfach sein heuchlerisches Gesicht sehen! Wahrscheinlich wurde er noch nicht einmal rot bei so vielen Lügen.

Lautlos kletterte ich auf einen Vorsprung über dem

* Gesten sind nicht in allen Ländern gleich. In Palästina wird für ein »Nein« nicht der Kopf geschüttelt, sondern ruckartig nach hinten geworfen. Für ein »Ja« wird wie bei uns genickt.

Höhleneingang, wobei ich gleichzeitig auf Schlangen Acht gab. Ich legte mich auf den Bauch, steckte den Kopf durch den dicken Bilsenkrautbusch, der dort wuchs, und sah in die Höhle.

Da saß der Widerling! Ich hatte ihn genau im Blickfeld. Wenn er nicht gerade zufällig nach links oben sah, würde er mich nicht entdecken, zumal die Blätter vor meinem Gesicht ziemlich dicht waren. Aber der Direktor war sowieso viel zu sehr damit beschäftigt, empört und zu Unrecht verdächtigt auszusehen, so dass diese Gefahr kaum bestand.

Sein Lügenmärchen würzte er zwischendurch noch mit ein paar süßen, beschwichtigenden Worten, der alte Schleimer! Am liebsten hätte ich ihm gehörig die Meinung gesagt, aber Misbah sah mich schon ganz böse an, weil ich entgegen seiner Anweisung meinen Posten verlassen hatte. Aber das war mir egal, denn was dann kam, war wirklich sehenswert.

Den Jungen da unten, die völlig vermummt um den Schuldirektor herum saßen, wurde das Verhör endlich zu dumm. Einer von ihnen, Khalil – ich erkannte ihn an seinen tollen weißen Turnschuhen, um die ich ihn seit Monaten glühend beneidete –, griff zu einer neuen Taktik, um den Direktor zur Wahrheit zu zwingen. Ganz langsam knüpfte er einen braunen Sack auf und sofort kroch eine schwarze Schlange heraus. Mit einer schnellen Bewegung packte Khalil sie hinten am Kopf und hielt sie fest. Brr! Selbst mir lief es kalt den Rücken hinunter, obwohl ich doch hier oben ziemlich sicher war. Der Schuldirektor wurde ganz blass.

»Verehrter Herr Schuldirektor«, sprach Khalil dann hochtrabend und ließ dabei die Schlange hin und her baumeln. »Jetzt aber heraus mit der Sprache. Sie haben zwei Möglichkeiten. Die erste ist, die Wahrheit zu sagen und alles genau so zu erzählen, wie es abgelaufen ist. Und – damit Sie klar sehen – wir wissen Bescheid, was Sie für Spielchen treiben. Denken Sie nur an Ihre Vorräte, die als Einzige in der Umgebung unversehrt geblieben sind! Wenn Sie gestehen, wird Ihre Strafe nur sein, unser schönes Dorf auf Nimmerwiedersehen zu verlassen. Hier ist nämlich kein Platz für Verräter.«

Die Schlange wand sich in der Luft und schlug mit dem Schwanz hin und her.

»Die zweite Möglichkeit ist, die Unwahrheit zu sagen«, fuhr Khalil fort. »Dann aber wird meine schwarze Freundin hier Ihnen das Gesicht streicheln.« Und er hielt die Schlange dem Direktor so nah vors Gesicht, dass ihre Zunge fast seine Nase berührte. Meine Bewunderung für Khalil wuchs ins Unermessliche.

Der Direktor konnte nicht mehr weiter zurückweichen, weil er schon mit dem Rücken an der Wand saß.

»Die zweite Möglichkeit ist uns natürlich lieber«, sagte Khalil, »denn dann sind wir sicher, dass es ein Schwein weniger in dieser Gegend gibt.«

Dem Schuldirektor stand der Angstschweiß auf der Stirn. Seine Augenlider zuckten. Er tat mir beinahe schon

Leid, doch dann packte er aus. Er erzählte alles, wie es gewesen war. Mein Hals wurde in die andere Richtung strapaziert, weil ich nun immerzu ein »Ja« nicken musste.

Der Direktor gab außerdem zu, dass der Schulinspektor gar nicht, wie er immer vorgab, Palästinenser war, sondern ein Israeli. Er und der israelische Offizier David Ben Jehudi hätten ihn gezwungen, mit ihnen zusammenzuarbeiten. Das reichte!

Die Jungen schoben den Direktor aus der Höhle und zerrten ihn mit sich ins Dorf. Dort musste er zuallererst bei sich zu Hause Umm Raschids Halskette holen, von deren Münzen nur noch die Hälfte vorhanden war. Die andere Hälfte hatte wohl der Offizier als Bestechungsgeld erhalten.

Dann wurden alle Dorfbewohner aufgerufen, sich vor dem Gemeindehaus zu versammeln. Hier musste der Schuldirektor nun vor aller Ohren zugeben, dass er ein Spion war.

Der Fleischer, der mit dem Direktor verwandt war, geriet außer sich vor Wut. »Du Verfluchter!«, brüllte er. »Welche Schande bringst du über unsere Familie und über unser Dorf. Was bist du doch für eine elende Ratte!«

Und Mustafas Vater fiel ein: »Jawohl, schämst du dich nicht? Deine Schüler kämpfen für unser Land und du fällst ihnen in den Rücken!«

Der Fleischer versuchte, sich einen Weg durch die Menge zu bahnen. Mit hocherhobenem Schlachtermesser, das er in der Eile des Herkommens gar nicht erst aus der

Hand gelegt hatte, stieß er wüste Drohungen gegen den Schuldirektor aus. Doch der wurde schon die ganze Zeit vorsorglich von den vermummten Jungen umringt, damit keiner ihm in der Aufregung etwas antun konnte.

»Lasst mich an ihn ran!«, schrie der Fleischer, aber er konnte keinen einzigen Schritt tun, weil mehrere Männer ihn festhielten.

Der Schuldirektor bekam es mit der Angst zu tun. Auch mir wurde ganz flau im Magen, denn ich hatte den Stein ja ins Rollen gebracht. Und wenn sie den Direktor jetzt umbrachten?

Doch da schritt der Bürgermeister Misbah ein. Er teilte den Männern mit, was beschlossen worden war, nämlich dass der Schuldirektor das Dorf verlassen müsse und sich nie wieder blicken lassen dürfe. Auch wenn er ein elender Verräter sei, müsse man doch gerecht bleiben und gegebene Versprechen einhalten.

Der Friseur meinte dazu: »Nein, Leute, das ist nicht gut. Wenn wir ihn jetzt laufen lassen, richtet er in einem anderen Dorf Unheil an. Wenn er aber hier bleibt, können wir ein Auge auf ihn halten, weil wir ja alle über ihn Bescheid wissen. Vielleicht bessert er sich auch, wenn wir ihm eine Möglichkeit dazu geben.«

»Pah, so einer und bessern!«, rief der Bruder der alten Hebamme und spuckte aus.

Der Friseur konnte aber schließlich die Leute überzeugen, dass der Schuldirektor bei uns im Dorf bleiben müsse. Der Bürgermeister fand den Vorschlag auch gut. Wir sollten den Direktor aber alle im Auge behalten und Verdächtiges sofort melden.

Zum Glück kam keiner auf mich zu sprechen, obwohl doch jetzt bewiesen war, dass ich nicht gelogen hatte. Großonkel klopfte mir nur leicht auf die Schulter. Ich glaube, er wusste, dass mein Triumph irgendwie bitter schmeckte.

Die russischen Verwandten

Die Stimmung bei uns war heute vergleichsweise gut, denn Papa hatte aus Deutschland geschrieben. Er hatte wieder Arbeit und daher lag dem Brief ein Scheck über ganze achthundert Deutsche Mark bei. Sogar Großonkel machte ein entspannteres Gesicht, obwohl er noch nie viel auf Geld gegeben hatte.

Wir feierten den Tag mit *kunafa*. Großonkel hatte die Süßigkeit aus der Stadt mitgebracht, als er dort den Scheck einlöste.

Unsere gute Laune bekam aber bald einen Dämpfer, denn Mama fing wieder mit ihrem Gejammer an: »Jetzt, wo wir Geld haben, gibt es keinen Grund mehr, uns nicht auf die Suche nach Dschamila zu begeben.«

Bis jetzt hatten wir nämlich kein Geld für irgendwelche Fahrten in die Stadt gehabt und das hatte uns alle sehr bedrückt.

»Jetzt liegt es an dir«, sagte Mama zu Oma.

Oma aber setzte sich auf und rief empört: »Zu den Idioten fahre ich nicht!«

Da ging irgendetwas vor sich, von dem ich absolut keine Ahnung hatte. Oma war wie verwandelt.

»Erst haben ihnen die Kommunisten das Gehirn ausgewaschen«, rief sie, »und jetzt lassen sie sich ihre leeren Köpfe noch von den Zionisten durchspülen!«

»Welche Idioten? Und was ist mit Kommunismus?«, fragte ich.

»Sei still, Junge! Stör jetzt nicht«, brummte Großonkel.

Still sein, pah! Beleidigt nahm ich meinen *kunafa*-Teller und verzog mich ins Nebenzimmer.

»Zainab«, hörte ich Mama sagen, »geh und nimm die Wäsche ab. Sie ist bestimmt schon trocken.«

Zainab ließ sich aber nicht wegschicken. »Das mach ich nicht«, hörte ich sie laut und bestimmt sagen.

Zainab probte den Aufstand. Das musste ich sehen! Also ging ich wieder ins Wohnzimmer. Zainab war normalerweise die Ruhigste von uns und meistens sehr folgsam und hilfsbereit. Oma lobte ihre Sanftmütigkeit und sagte immer: »Wenn ein Huhn käme und Zainab das Essen vor der Nase wegpickte, würde sie das Huhn noch nicht einmal verscheuchen!«

»Wirst du wohl deiner Mutter gehorchen!«, tadelte Oma jetzt aber streng. »Kamal macht schon genug Ärger, nun fang du nicht auch noch an!«

»Gehorchen!«, rief Zainab. »Immer nur gehorchen. Dabei gibt es ständig Geheimnisse im Haus und ihr sprecht nur noch in Rätseln. Ihr tut gerade so, als ob Dschamila uns nichts anginge. Dabei ist sie doch unsere Schwester!« Zainab schluchzte auf.

»Das streitet doch auch keiner ab«, versuchte Mama sie zu trösten. »Aber das hier ist eine Sache von Erwachsenen.«

»Genau, also tu, was deine Mama dir sagt, und nimm die

Wäsche ab«, warf Großonkel ein. »Und du, Kamal, gehst mit ihr.«

Ich bewegte mich nicht von der Stelle und Zainab ließ auch nicht locker. Da schaute Großonkel zu Oma, Oma zu Mama und Mama wieder zu Großonkel.

»Na gut«, gab der schließlich nach. »Wenn es sein muss, so sollt ihr es auch wissen. Aber es muss unter uns bleiben, verstanden?«

Wir nickten.

»Also, Aaron, Omas Neffe, ist vor kurzem mit seiner Familie in Haifa angekommen.«

Mann! Aaron war doch Russe und lebte in Moskau. Es gab noch andere Verwandte von Oma in der Sowjetunion. Wir hörten aber nie etwas von ihnen. Oma schickte nur jedes Jahr zum Passahfest ein riesiges Paket mit Kleidern und Süßigkeiten dorthin. Früher war diese Schickerei wohl gegenseitig gewesen, denn ich erinnerte mich daran, dass Oma einmal eine in tausend Lagen Packpapier eingewickelte Flasche Wodka geschickt bekam. Sie hatte dafür beim Postamt sogar noch viel Zoll bezahlen müssen, ganze acht Schekel. Dabei trank Oma gar keinen Alkohol und von uns anderen wollte niemand die Flasche auch nur berühren. Oma hatte dann daraus unter Zusatz von viel frischer Minze ein Reinigungsmittel fürs Bad gebraut. Monatelang hatte unser Klo nur noch nach Zahnpasta gestunken.

Ja, und ein anderes Mal war eine russische Fellmütze für Oma angekommen, als ob wir am Nordpol lebten!

Oma hatte damals auf die beiden Geschenksendungen wahrscheinlich nicht angemessen begeistert reagiert, denn danach kam nur noch einmal ein Glas Buchweizenhonig an und dann nichts mehr. Ich fand das gar nicht schade, denn der Honig hatte einen kratzigen Geschmack gehabt. Oma aber war ganz verzückt gewesen. Ich glaube, sie hatte etwas Heimweh gekriegt.

»Aaron hat eurer Oma vor kurzem einen Brief geschrieben, dass es ihm und seiner Familie in Russland nicht gut geht, weil die Juden dort unterdrückt werden. Daher wollte Aaron mit seiner Familie hierher auswandern und dann mit eurer Oma Kontakt aufnehmen. Die aber weigerte sich, weil sie ihm schon vorher oft nach Russland geschrieben hatte, dass sie nicht hierher kommen sollten, denn das ginge nur auf Kosten der Palästinenser, denen dann dafür Land weggenommen würde. Sie hat ihnen geschrieben, dass sie doch besser in die USA oder nach Kanada auswandern sollten, weil hier in Palästina von Seiten der Juden großes Unrecht geschehe und Verfolgte zu Verfolgern würden. Aber scheinbar hat Aaron das überhaupt nicht gestört!« Großonkel verzog böse das Gesicht und legte sich beide Hände auf den Bauch.

»Trotzdem meinen Großonkel und mich«, erklärte Mama schnell weiter, »dass Oma zu ihren Verwandten fahren soll. Die haben vielleicht Beziehungen, durch die wir dann etwas von Dschamila erfahren können. Wenn wir zumindest wüssten, wo sie ist und wie es ihr geht!« Mama stiegen die Tränen in die Augen.

Vollkommen baff ließ ich mich neben Oma aufs Sofa fallen. »Ich an deiner Stelle würde auch nicht hinfahren!«, stimmte ich Oma zu.

Doch alle anderen waren der Meinung, dass das die einzige Möglichkeit war, etwas über Dschamila zu erfahren. Oma gab schließlich nach, denn sie machte sich auch große Sorgen um meine Schwester.

Es wurde entschieden, dass Großonkel Oma begleiten und dabei gleichzeitig in Haifa einen guten Arzt aufsuchen sollte.

Das alles schlug mir auf den Darm und ich rannte zum Klo. Dabei entdeckte ich, dass Mamas neuer Versuch, die Würmer mit einem ekelhaft bitteren Tee aus weißem Wermut umzubringen, auch nicht geholfen hatte. Das war jetzt schon das dritte Mittel, das ich vergeblich geschluckt hatte. Vorher musste ich bereits eine Kur mit mehreren Tassen Bockshornkleesamen-Getränk und bei einem zweiten Versuch mit viel rohem Knoblauch über mich ergehen lassen. Die Würmer fanden das alles scheinbar gar nicht so widerlich wie ich.

Als ich Mama von dem neuen Misserfolg berichtete, entschied sie sofort, dass ich dann auch gleich nach Haifa mitfahren und zusammen mit Großonkel zum Arzt gehen sollte. Der wüsste vielleicht etwas Besseres und sowieso sei ich viel zu dünn und blass.

Salwa, die eben hereingekommen war und das Letzte mitgekriegt hatte, meinte, sie hätte auch Spulwürmer. Das stimmte aber nicht, sie wollte bloß mitkommen.

»Ich bring dir einen Wurm aus Haifa mit«, versprach ich ihr.

»Blödmann«, sagte sie und boxte mich in den Arm.

In Haifa

Am nächsten Tag fuhren wir nach Haifa. Omas Verwandte zu finden war ganz leicht. Großonkel gab einem Taxifahrer die Adresse und der fuhr uns bis vor die Haustür. Oma klingelte.

»Wer ist da?«, rief eine Jungenstimme hinter der geschlossenen Tür.

»Bist du es, Dani? Hier ist deine Großtante Rahel. Mach auf!«, rief Oma.

»Nein, ich mache nicht auf. Ich kenn dich nicht. Und wer sind denn die anderen?«, fragte der Junge, dessen Schatten das Guckloch verdunkelte.

Oma erklärte, wer wir waren.

»Ich darf aber nicht aufmachen. Meine Eltern sind nicht da.«

»Ich bin doch die Tante Rahel, die dir zum Passahfest immer Schokolade nach Moskau geschickt hat.«

»Moment, ich rufe Papa an«, sagte der Junge. Dann war Stille und das Guckloch schimmerte wieder hell. Oma klopfte noch einmal an die Tür, aber der Junge kam nicht zurück.

Ich setzte mich auf die Treppenstufe und stützte den Kopf in die Hände. Mann, war der Junge ein Angsthase!

Wir warteten und warteten. Die Straße war völlig ausgestorben. Man konnte sich einbilden, dass hier überhaupt niemand wohnte. Diese geisterhafte Stimmung konnte einem wirklich Angst machen! Wo waren die Leute bloß alle? Bei uns in Warda wären jetzt schon mindestens zwanzig Kinder zur Stelle gewesen.

Plötzlich bog eine Polizeistreife in die Straße ein und hielt direkt vor dem Haus. Blitzschnell sprangen zwei Polizisten heraus und einer von ihnen stürzte mit gezückter Pistole auf uns zu.

»Hände hoch!«, rief er, wobei der andere Mann mit schussbereitem Gewehr beim Wagen stand und ihm Deckung gab.

»Was wollen Sie von uns?«, fragte Oma.

»Hände hoch und keine Bewegung!«, donnerte der Polizist.

Wir gehorchten. Erst wurde Großonkel untersucht, dann ich abgetastet. Der Polizist griff mir sogar zwischen die Beine, dieses Schwein! Ich war schon öfter von Besatzungssoldaten nach Waffen durchsucht worden, aber so gründlich noch nie! Die Polizisten waren sogar so unverschämt, auch Oma zu untersuchen. Großonkel kochte vor Wut. Wären da nicht die Schusswaffen gewesen, wäre er bestimmt auf die Polizisten losgegangen.

So aber schimpfte nur ich: »Schämen Sie sich nicht, eine Frau abzutasten? Haben Sie keine Ehre im Leib?«

Klatsch! Da schlug mir der eine Polizist so hart ins Gesicht, dass ich fast zu Boden fiel.

Sie fanden bei uns natürlich keine Waffen, aber Großonkel hatte sein tolles Taschenmesser in der Jackentasche und das nahmen sie ihm ab. Ich war stocksauer. Großonkel hatte mir nämlich versprochen, dass ich das später mal bekommen sollte. An dem Messer waren ein Flaschenöffner, ein Korkenzieher, ein Pfeifenreiniger und sogar eine kleine Nagelschere. Und jetzt verschwand das Messer in der Hosentasche des Polizisten! Ich wagte aber keinen Muckser mehr, denn mein brennendes Gesicht bestätigte mir, dass mit den Polizisten nicht zu spaßen war. Sie hatten jetzt unsere gültigen Ausweise gesehen, auch irgendetwas über Funk nachgefragt und es musste ihnen doch vollkommen klar sein, dass Oma Jüdin war. Trotzdem warteten sie, bis Aaron nach Hause kam.

Aaron begrüßte Oma ganz überschwänglich und umarmte sie, ehe er fragte, was los sei. Erst da wurden die Polizisten etwas verlegen und entschuldigten sich bei Oma. Sie machten noch eine Bemerkung über Omas Kleid, welches das Ganze nicht sehr glaubhaft gemacht hätte. Dabei trug sie ein ganz normales palästinensisches Bauernkleid mit bunter Stickerei.

Großonkel und mich würdigten sie keines Blickes mehr. Weder kriegten wir eine Entschuldigung noch bekam Großonkel das Taschenmesser zurück. Wir waren einfach Luft für sie.

Der ängstliche Junge stand im Flur, als wir hineingingen. Na ja, eigentlich sah er gar nicht so blöd aus, aber dass er gleich die Polizei rufen musste!

Als wir schließlich im Wohnzimmer saßen, bot uns Aaron

Tee und verschiedene Kekse an. Ich rührte aber nichts davon an. Irgendwie war mir der Hals wie zugeschnürt. Aaron erzählte von Tausenden von Onkeln und Tanten in Moskau und Kiew, die Oma Grüße bestellten. Er war wirklich begeistert, Oma zu sehen. Mit Großonkel und mir konnte er nicht viel anfangen. Und der Junge saß uns nur ganz höflich gegenüber und glotzte. Aber eine ganz tolle Jeans hatte er an.

Aaron redete und redete. Ich stieß Großonkel heimlich in die Seite. Am liebsten hätte ich noch die Augen verdreht, aber das ging nicht, weil der Junge mich die ganze Zeit beobachtete. Schließlich gelang es Großonkel, Aarons Redeschwall kurz zu unterbrechen und Oma ein paar arabische Sätze zuzubrummeln, damit sie endlich zu unserem Hauptanliegen käme. Oma erzählte dann von Dschamila, doch bald darauf wurde klar, dass Aaron kein bisschen Ahnung hatte, was man da machen könnte. Er meinte nur, das sei eine Sache für einen Rechtsanwalt. Er kenne einen, der sei ein guter Freund von ihm, auch ein russischer Jude. Und er schrieb Oma die Adresse auf.

Na, wenigstens etwas, dachte ich, nachdem ich minutenlang eine Fliege auf der tollen Jeans des Jungen mit den Augen verfolgt hatte. Nach einem weiteren, mir endlos vorkommenden Familienklatsch standen wir endlich auf.

Als wir schon an der Tür waren, fragte Oma: »Wo ist eigentlich deine Frau, Aaron?«

»Liliana arbeitet noch«, antwortete er. »Sie kommt immer erst sehr spät nach Hause.«

»Was macht sie denn?«

»Sie arbeitet in Gaza, in einem Gefängnis.«

Wumm! Oma riss Augen und Mund auf und schnappte hörbar nach Luft. »Im Gefängnis? In Gaza?«, rief sie mit hoher Stimme. »Wie kann sie nur! Wie kannst du das zulassen, Aaron? Da kommt ihr eurer Freiheit wegen Tausende von Kilometern weit hierher, um dann den Henkersknechten dieses Staates zu helfen, andere Freiheitskämpfer einzusperren? Ja, wisst ihr denn nicht, wer da in den Gefängnissen sitzt? Alles nur junge Leute, ja, Kinder wie Dschamila, die für ihre Rechte demonstriert haben!«

Aaron stammelte irgendetwas von »froh sein, wenn man eine gute Stelle bekommt« und »der Staat muss doch bei der hohen Verbrecherrate sehen, dass Recht und Ordnung herrscht«, doch Oma hörte ihm gar nicht mehr zu. Sie zog mich am Ärmel hinter sich her auf die Straße und kümmerte sich nicht darum, ob Großonkel uns nachkam. Wir hatten uns noch nicht einmal verabschiedet!

Dann saßen wir im Taxi und Oma hielt dem Fahrer die Adresse des Rechtsanwalts vor die Nase. Dazu gab sie knappe Anweisungen. Mann, war Oma in Fahrt! Und Großonkel machte einfach alles mit, ohne einen Ton zu sagen. Er legte sich nur ab und zu die Hand auf den Magen und stöhnte.

Der Rechtsanwalt war höflich und zuvorkommend. Er hörte sich in aller Ruhe an, was Oma ihm über Dschamila erzählte. Ich dachte schon, dass endlich jemand da wäre, der Ahnung hätte und dem man vertrauen könnte. Doch dann fing auch er an, von staatlichen Rechten zu reden.

»In solchen Fällen wie dem Ihrer Enkelin, gnädige Frau«, sprach er in gestelztem Tonfall, »kann man gar nichts machen. Da sind uns die Hände gebunden. Wenn Ihre Enkelin von Sicherheitskräften, wie der Polizei, verhaftet worden wäre, das wäre eine andere Sache. Die Polizei kann Unruhestifter bis zu achtzehn Tage inhaftieren, ohne dass ein Rechtsanwalt eingeschaltet werden muss oder die Gefangenen vor Gericht gebracht werden müssen. Danach werden aber die meisten wieder freigelassen.«

Das glaubte der doch wohl selbst nicht! Ich hatte schon von vielen Jungen gehört, die bereits vor Monaten von Polizisten eingelocht worden waren und von denen bis heute noch kein einziger wieder aufgetaucht war! Und überhaupt, wie der Mann von »Unruhestiftern« reden konnte, wo es doch die Israelis selbst waren, die in unsere Städte und Dörfer kamen, wild drauflosschossen, alles kurz und klein schlugen und so Unruhe stifteten! Ich hatte bemerkt, dass auch Großonkel bei dem Wort zusammengezuckt war.

»In Ihrem Fall aber«, fuhr der Rechtsanwalt fort, »wurde das Mädchen, soweit ich verstanden habe, von Militärbefehlshabern festgenommen. Sie befindet sich daher nun in so genannter Administrativhaft. Diese Haft kann bis zu sechs Monaten dauern, ohne dass eine Anklage vorliegt. Auch ist sie verlängerbar.«

Ich wusste nicht, wie viel Oma von dem ganzen Gerede verstanden hatte, aber ihr sicheres Auftreten schwand immer mehr.

»Können Sie denn nicht wenigstens herausfinden, wo sie gefangen gehalten wird? Vielleicht können wir ja eine Besuchserlaubnis bekommen.« Dabei nestelte Oma an ihrer Handtasche herum.

»Auch das, gnädige Frau, ist nicht so einfach, wie Sie es sich vielleicht vorstellen. Auch wenn ich das Gefängnis ausfindig machen könnte, würde Ihnen das nicht weiterhelfen. Für Untersuchungsgefangene bestehen keine Regelungen, was Besuchserlaubnis oder Briefwechsel betrifft. Also, kurz gesagt, solange Ihre Enkelin nicht angeklagt ist, kann ich da gar nichts machen.«

Ganze einhundertundzehn Schekel knöpfte der Rechtsanwalt Oma dann noch ab, nur dafür, dass er ihr gesagt hatte, dass er nichts machen könne!

Als wir wieder draußen waren, explodierte Großonkel. »Gnädige Frau, gnädige Frau«, äffte er den Rechtsanwalt nach. Ich wusste gar nicht, dass Großonkel so viel Hebräisch verstand! »Gnädige Frau, ich muss Ihnen leider sagen, dass die Allmacht des Staates in ihrer Willkür Ihnen keine Wahl lässt. Sie sind machtlos, gnädige Frau. Dürfte ich für diese wertvolle Auskunft hundertzehn Schekel verlangen? – Pfhhh!« Großonkel spuckte wütend in die Gosse.

Mann, waren wir alle geschafft! Am liebsten hätte ich jetzt ein Sandwich verdrückt, aber ich wagte nichts zu sagen, denn wir mussten ja noch zum Arzt und wer weiß, wie viel Geld der noch haben wollte.

Und wieder saßen wir mit einem Adressenzettel im Taxi. Mittlerweile war ich etwas misstrauisch, was Empfehlungen anbetraf. Der Arzt war Oma von einer unserer Nachbarinnen empfohlen worden, die wiederum hatte die Adresse von einem Vetter ihrer Mutter. Ich war sehr gespannt auf diesen Arzt. Hoffentlich entpuppte er sich nicht auch als solch ein »guter Freund«.

Das Haus, vor dem das Taxi hielt, sah furchtbar düster aus. Innen war es noch schlimmer, zudem mussten wir die Treppe bis in den fünften Stock hochkraxeln. Im Wartezimmer saß nur ein älterer Herr. Der war wirklich ein »Herr«. So etwas hatte ich bisher nur in alten Filmen gesehen: weißer, gepflegter Bart, flusenfrei gebürsteter Anzug, gestreifte Weste mit goldener Uhrkette und einen Kneifer an einem langen Band. Trotzdem mochte ich den Mann sofort, denn er erhob sich und bot Oma mit einer altmodischen Verbeugung den einzigen gepolsterten Stuhl an. Dann sah er zu mir herüber und dabei blickten seine wasserhellen Augen richtig gütig.

Oma bedankte sich bei ihm auf Russisch, weil sie dachte, er wäre auch ein Jude russischer Herkunft. Der Mann verstand sie zwar, antwortete dann aber auf Hebräisch, dass er französischer Jude sei und nur etwas Russisch verstehe, weil er viele russische Freunde habe. Was für ein Sprachengewirr, dachte ich.

Dann mussten wir wieder warten. Nach zehn Minuten

kam der feine Herr dran und nach zwanzig Minuten wurde Großonkel aufgerufen. Ich ging mit ihm hinein.

Der Arzt war bestimmt genauso alt wie Großonkel, aber ziemlich kräftig. Das merkte ich, als er auf unseren Bäuchen herumdrückte. Nach dem üblichen Einatmen, Ausatmen, Rücken abklopfen und Aaa-Sagen, wobei der Arzt viele Fragen stellte, bekam ich ein Rezept. Bei Großonkel ging es nicht so schnell. Er sollte morgen früh vor dem Frühstück zu einem Labor in der Nähe gehen und dort eine Blutuntersuchung machen lassen. Und erst wenn das Ergebnis vorläge, so meinte der Arzt, könne er ein Rezept ausstellen.

Der Arzt war ja wirklich sehr nett und auch gründlich. Obwohl er für die Untersuchung sechzig Schekel nahm, fand ich das im Vergleich zu Aarons »gutem Freund«, dem Herrn Rechtsanwalt, berechtigt, weil er sich immerhin Mühe gegeben hatte. Aber dass Großonkel morgen noch einmal herkommen musste, war nahezu eine Katastrophe. Uns als Palästinensern aus den besetzten Gebieten ist der Aufenthalt in Israel nämlich nur tagsüber erlaubt. Übernachten ist verboten. Wir mussten uns also etwas einfallen lassen.

Großonkel war über unsere Situation so aufgeregt und ärgerlich, dass sein Magen schmerzte wie nie zuvor. Und dafür hatte er einen Arzt aufgesucht!

Dann ging es wieder die fünf Etagen hinunter. Oma wurde es schwindelig und das Geländer reichte nicht aus. Meine rechte Schulter musste als weitere Stütze herhalten und so gelangten wir langsam, aber sicher nach unten.

Auf der Straße blieben wir erst einmal stehen und überlegten, was wir nun machen sollten. Auch wenn wir das Risiko eingehen würden, doch in Haifa zu übernachten, würde uns kein Hotel aufnehmen, meinte Großonkel, denn die mussten ihre Gäste anmelden. Zu Omas Verwandten zurückzugehen, lehnte Oma strikt ab. »Lieber übernachte ich in einem Rattenloch!«, sagte sie bestimmt. Wir kamen zu dem Schluss, dass es wohl doch am besten wäre, nach Hause zurückzufahren, denn eigentlich musste ja nur Großonkel morgen früh wieder hier sein. Also gingen wir los in Richtung Busbahnhof.

Nach ein paar Schritten kamen wir an einem kleinen Restaurant vorbei. Mein Magen begann laut und vernehmlich zu knurren.

»Großonkel«, sagte ich kläglich, »ich bin am Verhungern. Können wir nicht erst noch etwas essen? Bis nach Hause halte ich es nicht mehr aus. Und denk doch an die vielen armen Würmer in meinem Bauch. Die sind auch ganz furchtbar hungrig!«

Großonkel und Oma lachten.

»Na, dann werden wir mal sehen, ob wir etwas Futter für die armen Tierchen finden«, meinte Großonkel und strich mir übers Haar.

Ich hatte eigentlich nur an ein Sandwich gedacht, aber Großonkel zog uns kurzerhand in das Restaurant hinein. Es gab gegrillte Hühnchen, Platten mit Reis und Gemüse und auch gegrillte Fleischspieße. Wir suchten uns einen freien Tisch.

»Guck mal«, flüsterte ich und stieß Oma in die Seite, »da hinten, da sitzt doch der feine Herr aus dem Wartezimmer.«

Oma aber hatte gar keine Zeit hinzuschauen, weil sie Schwierigkeiten hatte, sich durch die engen Tischreihen bis zu unserem Platz zu zwängen. Dann studierte sie die Speisekarte.

»Ooh!«, rief sie plötzlich. »Das nehm ich! Gefüllter Fisch mit Meerrettichsoße! Das war das Lieblingsgericht meiner Mutter. Herrlich, das solltet ihr auch probieren.«

Sie war ganz aufgeregt. Großonkel und ich hielten uns aber lieber an die Fleischspießchen, die wir am Eingang auf dem Grill gesehen hatten.

Ich war gerade bei meinem zweiten Spießchen angelangt, als plötzlich ein Motorradfahrer vor der Restauranttür hielt, sie öffnete, einen Schwung Flugblätter hineinwarf und wieder davonbrauste.

Noch bevor alle Blätter zu Boden gesegelt waren, sprang ich auf und hatte mir eins geschnappt. Es stand ein Gedicht drauf, auf der einen Seite in Arabisch, auf der anderen in Hebräisch. Ich las es Großonkel und Oma laut vor:

»Verjagt die Besten von uns,
übers Meer und übers Land,
und tötet die Edlen, einen nach dem anderen.

Doch das Gute wird gut bleiben, bis zum Ende
der Zeit,
und das Böse wird böse bleiben.
Zerbrecht die Schreibstifte!
Kann ihr Zerbrechen die Hände daran hindern,
in Felsen zu ritzen?
Hackt die Hände ab!
Kann ihr Abhacken die Augen daran hindern,
argwöhnisch zu blicken?
Löscht die Augen aus!
Kann ihr Auslöschen den Atem daran hindern,
Seufzer auszustoßen?
Tötet den Atem!
Das ist das Äußerste, was ihr tun könnt!
Darin aber liegt unsere Befreiung von euch.
Danke schön!«
Abdu Mutran

Das Gedicht gefiel mir sehr gut und ich steckte den Zettel in meine Hosentasche.

Großonkel und ich waren schon längst mit dem Essen fertig und auch meine Cola war alle, aber Oma aß immer noch an ihrem Fisch und schloss bei jedem Bissen verzückt die Augen. Das wurde mir zu langweilig und ich ging schon mal nach draußen.

Auf dem Bürgersteig lagen eine Menge von den Flugblättern herum. Kurz entschlossen sammelte ich so viele wie möglich auf, um sie meinen Freunden im Dorf mitzubringen. Ich fischte gerade einen Zettel hinter einem Zigarettenautomaten hervor, als zwei Polizisten herbeiliefen.

»Halt! Hände hoch und keine Bewegung!«, brüllte der eine.

»Großonkel! Oma!«, schrie ich gellend und hob die Hände hoch, wobei ich die Flugblätter aber immer noch fest umklammert hielt.

Großonkel und Oma kamen aus dem Restaurant gestürzt, hinter ihnen ein Kellner und der feine alte Herr aus dem Wartezimmer.

Die Polizisten hielten mich für den Verteiler der Flugblätter und wollten mich festnehmen. Großonkel redete in Arabisch, Oma in Hebräisch auf sie ein, sogar der Kellner gab noch seinen Senf dazu, was ich recht anständig fand. Es war ein Riesenkrach. Die Polizisten ließen aber nicht mit sich reden. Sie packten mich und zogen mich zu ihrem Auto.

Da schaltete sich der feine Herr ein. Er beteuerte, dass ein Motorradfahrer die Zettel in das Restaurant und auf den Bürgersteig geschmissen habe. Doch auch das half nichts. Die Polizisten schubsten mich in ihr Auto und fuhren mit mir zum Polizeirevier. Dort begann ein Offizier, mich auszufragen.

Ich wurde noch nicht lange verhört, als Großonkel, Oma und der feine Herr eintraten. Der hatte noch seinen Autoschlüssel in der Hand, also war er wohl so nett gewesen, Großonkel und Oma hierher zu fahren. Und nicht nur das, er fing sogar an, mit Engelszungen auf die Beamten einzureden. Doch die interessierte überhaupt nicht, was der Herr sagte. Der Offizier wurde sogar richtig böse.

»Nach Ihrer Meinung hat hier keiner gefragt!«, blaffte er. »Also mischen Sie sich gefälligst nicht in die Angelegenheiten der Polizei ein.«

Dann rief er überall an, bei dem Rechtsanwalt, dem Arzt und dem Restaurant, um meine Aussage zu überprüfen. Obwohl es ganz klar war, dass alle bestätigten, was ich gesagt hatte, blieb der Offizier bei seiner Meinung, dass ich der Verteiler sei.

Jetzt bin ich verloren, dachte ich und sah mich schon in einem israelischen Gefängnis. Doch in dem Moment kamen die beiden Polizisten von heute Morgen herein.

»Da sind die drei ja schon wieder!«, riefen sie, als sie uns sahen. »Haben die jetzt doch was ausgefressen?« Und sie erzählten, dass sie uns schon heute Morgen untersucht und nichts bei uns gefunden hatten.

Das überzeugte den Offizier endlich von meiner Unschuld und er ließ mich frei, doch nicht, ohne uns auf die knappe Zeit hinzuweisen: »In einer halben Stunde müssen Sie aus Israel verschwunden sein, kapiert?«, sagte er. »Wenn wir Sie danach noch hier erwischen, gibt's keine Gnade mehr.«

Endlich standen wir wieder auf der Straße. Der feine Herr stellte sich uns als Herr Lacœur vor. Oma wollte gerade erzählen, wer wir waren, da wurde ihr wieder schwindelig und sie musste sich erst einmal auf den Bürgersteig setzen. Auch mir zitterten jetzt die Knie. Komisch, drinnen bei den Polizisten waren sie noch ganz in Ordnung gewesen. Herr Lacœur schlug vor, uns zum Busbahnhof zu bringen, was wir dankbar annahmen. Aber dort fuhr gerade der letzte Bus mit den palästinensischen Arbeitern um die Ecke.

Völlig verzweifelt standen wir nun da, bis Herr Lacœur meinte: »Kommen Sie, ich fahre Sie nach Hause.« Und das tat er auch. Er brachte uns den ganzen weiten Weg nach Hause bis vor die Haustür.

Großonkel war überglücklich. Er versuchte, Herrn Lacœur zu überreden, doch bei uns zu übernachten. Mama würde auch ein gutes Musakhan-Gericht kochen.

Doch Herr Lacœur lehnte bedauernd ab. »Ich muss mich jetzt beeilen, dass ich schnell nach Hause komme. Ich habe meiner Frau doch gar nicht Bescheid gesagt und jetzt macht sie sich bestimmt große Sorgen.«

Herr Lacœur musste Großonkel aber versprechen, uns demnächst einmal mit seiner Familie zu besuchen.

Den ganzen Abend sprach Großonkel nur von dem feinen Herrn Lacœur. Er bedauerte, dass sie sich während der anstrengenden Fahrt nicht richtig hatten unterhalten können. Aber vielleicht würden sie das ja bald einmal nachholen können.

»Dieser Mann hat mir wieder Hoffnung gegeben«, betonte er mehrmals. »Nach den Schweinereien, die die neuen jüdischen Siedler gemacht haben, hatte ich schon jegliche Hoffnung auf eine friedliche Lösung aufgegeben. Doch wenn es solche freundlichen und hilfsbereiten Menschen gibt, ist noch nicht alles verloren.«

Auch ich fand den Herrn Lacœur mächtig nett. Denn bis jetzt hatte ich nur solche Juden – außer Oma natürlich – gesehen, die Soldaten waren und auf uns schossen, oder Siedler, die unser Land und Wasser klauten.

Der Unfall

Morgen war Id l-Adha, das große Schlachtfest. Alles ging bei uns drunter und drüber. Mama und Oma waren schon voll mit den Vorbereitungen für das Festessen beschäftigt. Ich half ihnen dabei, indem ich die wurmigen Datteln für die gefüllten Plätzchen von den Steinen löste. Meine Schwestern waren am Großreinemachen und schrubbten das Haus so gründlich, dass man sich im Fußboden spiegeln konnte. Ich passte gut auf, dass sie dabei sehr sparsam mit dem Wasser umgingen. Schließlich war ich es, der das viele Wasser von der sieben Kilometer weit entfernten Quelle holen musste! Seit unsere Quelle besetzt worden war, holten wir Jungen immer Wasser, weil der weite Ritt für die Mädchen zu gefährlich war.

Aber mein Aufpassen half auch nichts. Es dauerte nicht lange, da war die Wasserladung, die ich heute Morgen geholt hatte, aufgebraucht. Ich musste also wieder los. Taufiq, Suhail, Mahmud und noch ein paar anderen Jungen aus unserem Dorf war es wohl ähnlich ergangen, denn ich traf sie unterwegs.

Bei der Quelle herrschte großer Andrang. Wir mussten lange warten, bis wir an die Reihe kamen. Endlich hatten wir alle unsere Kanister voll und auf den Eseln verstaut und begaben uns auf den Rückweg. Plötzlich hörten wir ein schreckliches Scheppern und Klirren.

»Da! Das kam von dahinten!«, rief Mahmud und zeigte in Richtung Landstraße.

Und dann sah ich auch schon das Auto oder vielmehr das, was von ihm übrig geblieben war. Es war von der Straße abgekommen, den Berg hinabgerollt und unten im Wadi auf einen Felsen geprallt.

Schnell trieben wir unsere Esel an und ritten hin, um zu helfen. Es war ein furchtbarer Anblick. Das Autowrack lag auf der Fahrerseite und darin eingeklemmt konnte ich einen Mann, eine Frau und zwei Kinder ausmachen. Das Autodach war vollkommen eingedellt, ein paar Meter weiter lag die total verbeulte Fahrertür, und die Beifahrertür, die noch in den Angeln hing, war nach innen gedrückt. Wir versuchten sie zu öffnen, aber es ging nicht.

Die Leute im Auto sahen völlig leblos aus und alles war gespenstisch still. Doch dann hörten wir ein leises Wimmern und entdeckten in der Nähe im Geröll einen kleinen Jungen, der wohl vor dem Aufprall aus dem Auto geschleudert worden war. Er lag da, mit blutüberströmtem Gesicht, und weinte leise vor sich hin. Ein Bein hielt er merkwürdig abgewinkelt. Das war bestimmt gebrochen.

Taufiq hob den Jungen vorsichtig auf und ritt mit ihm den Berg hinauf zur Straße. Dort hielt er einen Lastwagen an, übergab den Jungen dem Fahrer und bat ihn, Hilfe für die anderen zu holen.

»Jetzt haben wir getan, was wir tun mussten«, meinte Taufiq, der wieder zu uns heruntergekommen war. »Lasst uns weiterreiten, bevor es Ärger gibt. Wenn der Krankenwagen kommt, werden sie bestimmt denken, dass wir den Unfall verursacht haben.«

»Aber wir können die Leute hier doch nicht einfach so eingeklemmt liegen lassen!«, rief ich und starrte dabei auf den leblosen, schlaffen Arm des kleinen Mädchens. Merkwürdigerweise stieg mir dabei das Gesicht des netten Herrn Lacœur vor Augen.

»Komm schon, Kamal«, meinte jetzt auch Mahmud und zog an dem Zügel meines Esels. »Es geht nicht anders. Hier zu bleiben ist viel zu gefährlich. Der Krankenwagen kommt bestimmt ganz schnell und helfen kannst du hier doch nichts.«

Ich hörte aber nicht auf ihn, sondern zerrte verbissen weiter an dem Griff der Beifahrertür.

»Warum sollen sie uns verdächtigen?«, schlug sich Suhail auf meine Seite. »Sie haben doch gar keinen Grund dazu.«

Taufiq zuckte nur mit den Schultern. »Selbst schuld«, meinte er und ritt mit den anderen fort.

Die Tür hatte sich gerade ein bisschen bewegt – obwohl ich die ganze Zeit fürchtete, der Griff würde abbrechen –, als zwei Militärwagen oben an der Straße hielten.

»Mann, das sind Soldaten!«, rief Suhail. »Schnell weg von hier!«

Wir schnappten uns die Zügel unserer Esel und liefen los. Zum Aufsteigen blieb keine Zeit mehr.

Die Soldaten brüllten: »Halt! Stehen bleiben!«

Suhail war schon um die Ecke im Schutz eines Felsens verschwunden, doch mein Esel bockte und wollte nicht weiter. Da hörte ich einen Schuss und mein rechtes Bein brannte plötzlich wie Feuer. Dann wurde mir schwarz vor Augen.

Das Abschiedsessen

Als ich aufwachte, lag ich im Krankenhaus. In meinem rechten Bein pochte der Schmerz. Auch mein Kopf tat mir weh und es kam mir vor, als wäre er in dicke Watte gewickelt.

Kurz darauf erschienen zwei Soldaten und verhörten mich, weil sie mich verdächtigten, den Autounfall verursacht zu haben. Obwohl ich auf alles schwor, was mir heilig war, dass ich nur da gewesen war, um zu helfen, glaubten sie mir kein Wort. Die beiden Männer kamen jeden Tag, morgens und nachmittags, und wiederholten das Verhör.

»Wenn du zugibst, dass du das Auto auf der Landstraße mit Steinen beworfen hast, dann lassen wir dich in Ruhe«, sagten sie. »Wir wissen genau, dass es so gewesen ist, weil wir drei Zeugen haben. Drei Zeugen aus deinem Dorf, aus Warda.«

Ich dachte sofort an den Schuldirektor, diesen elenden Verräter.

»Die möchte ich sehen«, sagte ich immer wieder, doch die Soldaten brachten nie Zeugen mit. Es konnte ja auch gar keine geben.

Das Verhör lief immer gleich ab. Sie wollten mich mürbe machen mit ihrem ständigen: »Du hast es getan! Du musst es getan haben. Es kann gar nicht anders gewesen sein. Und wenn du es vergessen hast, werden wir dir die Erinnerung schon zurückgeben!«

Einmal hätten sie damit fast Erfolg gehabt. Die Schmerzen in meinem Knie waren kaum auszuhalten und beinahe hätte ich »Ja, ja!« gebrüllt, nur damit sie mich in Ruhe ließen. Aber Allah sei Dank kam in dem Moment die Oberschwester, um mir eine Spritze zu verpassen, und da gingen die Soldaten.

Sie kamen nur noch einmal und dann nicht mehr. Vielleicht hatte einer der Leute aus dem Autowrack den Unfall überlebt und berichtet, wie es gewesen war und dass niemand mit Steinen geworfen hatte.

Siebenundvierzig Tage war ich nun schon ans Bett gefesselt. Sie kamen mir vor wie siebenundvierzig Jahre! Allah sei Dank lag ich in Jenin im Krankenhaus, wo der alte Luka und seine nette Frau wohnten. Ohne sie hätte ich das nicht ausgehalten.

Das Essen im Krankenhaus schmeckte gräulich. Aber jeden zweiten Tag kam jemand von zu Hause auf Besuch und brachte mir etwas Gutes mit. Wenn jedoch in unserem Dorf Ausgangssperre war und keiner kommen konnte, brauchte ich nur eine Krankenschwester zu bitten, für mich den alten Luka in seinem Laden anzurufen. Dann kamen er oder seine Frau mit einem guten Essen. Ich wurde von ihnen richtig verwöhnt. Schon vorher hatte ich den alten Luka immer sehr nett gefunden, und als das mit dem Bein passierte, hatte er sich richtig lieb um mich gekümmert. Er hatte mir sogar angeboten, ihn Opa zu nennen. Den Gefallen tat ich ihm natürlich gerne, nur setzte ich noch seinen Namen hinzu, weil der mir so gut gefiel.

Heute, an meinem siebenundvierzigsten Krankenhaustag, wachte ich nach dem Mittagsschlaf sehr durstig auf. Mit nur halb offenen Augen griff ich zu dem Schränkchen neben dem Bett, wo eine Flasche Wasser stand, und stieß dabei gegen jemanden. Ich riss die Augen auf und da saß – Papa!

Mann, ich dachte, ich träume!

Papa beugte sich zu mir herab und umarmte mich fest. Dabei machte er mein Gesicht ganz nass mit seinen Tränen. Ich klopfte ihm tröstend auf den Rücken, doch auch mir saß ein ziemlich dicker Kloß im Hals.

Als wir uns etwas beruhigt hatten, räusperte sich Papa, stand auf und sagte: »Einen kleinen Moment, ich bin gleich wieder da.« Eine Weile später kam er mit dem Arzt zurück.

»Du bist ein Glückspilz, Kamal«, sagte der Arzt. »Dein Vater will dich in ein Krankenhaus nach Deutschland mitnehmen. Ich habe ihm gesagt, dass der Transport kein Problem ist, solange du brav bist und nicht übermütig wirst. Du darfst auf keinen Fall das Knie abwinkeln und nicht …«

Er ratterte wieder all die Verhaltensmaßregeln herunter, die ich mittlerweile schon in- und auswendig kannte. Aber daran war ich wohl selbst schuld. Denn ganz am Anfang, als ich noch nicht wusste, wie schlimm das mit meinem Knie war, hatte ich versucht, mich in den Rollstuhl meines Bettnachbarn zu setzen, um ein bisschen den Flur entlangfahren zu können. Dabei hat mich der Arzt prompt erwischt und kräftig ausgeschimpft. Zum Glück hatte ich mein kaputtes Bein noch gestreckt im Bett gehabt, so dass nichts passiert war.

Meine Knieverletzung war nämlich so kompliziert, dass nur eine Spezialoperation helfen konnte. Ich war schon zweimal operiert worden, aber die richtige Operation konnten die Ärzte in diesem Krankenhaus nicht machen.

»Übermorgen wirst du in einem der besten Krankenhäuser in Deutschland sein«, versprach mir Papa und erzählte, dass er schon am ersten Tag von meinem angeschossenen Bein erfahren hatte und sich gleich in Deutschland um einen Krankenhausplatz für mich bemüht hatte.

»So schnell schon?«, rief ich. »Können wir das nicht noch ein paar Tage verschieben?«

»Je schneller, desto besser«, meinte Papa und tröstete mich, weil er dachte, ich hätte Angst vor der langen Reise.

Aber das war es ja gar nicht. »Mmmh«, machte ich.

»Was heißt hier ›Mmmh?‹«, fragte Papa.

»Ja, weißt du, ich habe doch dem alten Luka – der ist jetzt übrigens mein Opa – versprochen, ihn und seine Frau zu einem *musakhan*-Essen einzuladen, wenn ich wieder aus dem Krankenhaus raus bin. Sie waren doch so lieb zu mir!«

»Das ist doch kein Problem«, meinte Papa. »Wir laden sie einfach für heute oder morgen ein.«

»Prima!«, rief ich und jetzt konnte ich mich auch darüber freuen, dass ich endlich richtig operiert werden sollte und vielleicht bald wieder laufen konnte.

Papa bestellte ein Taxi, ich wurde vorsichtig auf den Rücksitz verfrachtet und dann fuhren wir zuerst zum Laden des alten Luka. Ich erzählte Luka, dass Papa mich nach Deutschland mitnehmen würde. Das freute ihn sehr und natürlich nahm er unsere Einladung für morgen an.

»Wenn unser Kamal für so lange Zeit verreist, werden wir natürlich zu seinem Abschiedsfest kommen«, sagte er.

Papa und ich fuhren dann mit dem Taxi nach Hause. Ich war so erschöpft, dass ich erst einmal eine Runde schlafen musste. Als ich aufwachte, wussten alle schon von dem geplanten Abschiedsfest und Großonkel hatte bereits Herrn Lacœur in Haifa angerufen, den er doch schon damals zu einem *musakhan*-Essen eingeladen hatte. Und Herr Lacœur hatte auch zugesagt zu kommen.

Am späten Nachmittag kam fast das ganze Dorf und verabschiedete sich von Papa und mir. Am liebsten hätte ich alle meine Schulfreunde zum Essen eingeladen, aber so viele Hühner hatten wir natürlich nicht. Nur Mustafa von nebenan blieb noch.

Nach dem Abschiedsessen saßen wir alle mit vollen Bäuchen da, das heißt, ich lag natürlich.

»Merkst du, Oma«, sagte ich leise und tippte Oma in die

Seite, »jetzt sitzen schon wieder alle drei Religionen friedlich zusammen, wie damals bei Opa Luka im Laden. Wann wird das endlich überall so sein?«

»Das ist eine gute Frage, mein Junge!«, meinte Oma. »Hoffentlich bald!«

Und dann wollten mir alle gute Ratschläge und Wünsche mit auf den Weg geben und redeten gleichzeitig auf mich ein. Nur der alte Luka und seine Frau waren still.

»Aber Opa Luka«, fragte ich, »warum sagst du denn nichts?«

»Was ich zu sagen habe, steht alles hier drin«, meinte er und reichte mir einen dicken Umschlag.

»Ich habe auch einen Brief für dich, mein Junge«, sagte seine Frau und gab mir noch einen Umschlag.

»Was ist damit?«, fragte ich. Ich hatte das nicht so richtig kapiert und dachte, ich sollte die Briefe in Deutschland an jemanden weitergeben. »Wem soll ich sie geben?«

»Niemandem, die sind für dich«, sagte Opa Luka.

Ich sah ihn erstaunt an.

»Es ist so«, erklärte seine Frau. »In unserer Familie ist es Brauch, dass, wenn jemand eine längere Reise macht, alle Freunde und Verwandte ihm beim Abschied einen Brief überreichen. Darin steht dann all das, was sie ihm gerne sagen und auf die Reise mitgeben möchten. Und wenn der Reisende dann in der Fremde an die Daheimgebliebenen denkt, kann er die Briefe hervorholen und nochmals durchlesen. Dann ist ihm sein Zuhause ganz nah.«

»Das ist wirklich eine gute Sache«, meinte Großonkel. »Das sollten wir auch tun! Wenn wir hier nämlich jetzt alle mit unseren Wünschen und Ratschlägen auf den armen Kamal einreden, dann wird er ja noch ganz durcheinander.«

Auch Mama und Oma nickten zustimmend und Herr Lacœur holte bereits einen Füller aus seiner Jackentasche.

»Wunderbar«, rief Großonkel, als Mama Papier gebracht und jeder einen Bogen vor sich liegen hatte, außer Luka und seiner Frau natürlich, »dann können wir ja danach endlich von etwas anderem reden als immer nur vom Abschiednehmen.«

Bald schrieben sie alle eifrig, und als sie fertig waren und mir alle ihre Briefe gegeben hatten, erzählte Papa von Deutschland, die anderen von dem, was hier so alles passiert war, und Großonkel wärmte ein paar alte Geschichten auf. Es war ein wunderschöner Abend.

Leider musste ich viel zu früh schlafen gehen. Mein Protest nützte gar nichts, Papa blieb eisern. »Du musst morgen gut ausgeruht sein für die Reise«, sagte er bestimmt.

Als ich im Bett lag, konnte ich aber nicht einschlafen. Ich musste immer an die Briefe denken. Zwar sollte ich die erst in Deutschland lesen, aber meine Neugier war einfach zu groß. Ich machte Licht und dann las ich einen Brief nach dem anderen.

Großonkel schrieb nur ganz wenig, dafür aber richtig großonkelige Wünsche und zum Schluss: »Die Freiheit ist nahe! Denn je schmerzhafter die Unterdrückung ist, umso schneller wird die Freiheit kommen!«

Oma und Mama hatten neben mehreren »Allah möge dich behüten« noch viele Ermahnungen beigepackt. Das war wieder einmal typisch!

Zainabs Krakel konnte ich kaum entziffern, aber sie schrieb, dass sie mich schrecklich vermissen würde, und noch viele andere nette Sachen, und das, obwohl ich oft gar nicht so nett zu ihr gewesen bin.

Opa Luka wünschte mir gute Besserung und ich solle schnell wieder gesund zurückkommen und ihn im Laden besuchen. Dazu hatte er noch zwei Seiten mit vielen klugen Gedanken geschrieben. Mama würde sie wohl Lebensweisheit nennen – das Wort benutzte sie immer für das, was alte Leute sagten.

Opa Lukas Frau schrieb mir ein langes Gebet, das mit »Herr, gib uns Frieden« endete.

Der feine Herr Lacœur hatte drei Zeilen auf Hebräisch geschrieben, die ich aber nicht lesen konnte. Das hatte er sich wohl gedacht, denn darunter hatte er noch ein Bild gemalt: Ganz viele Kinder hielten sich an den Händen und tanzten im Kreis um einen Olivenbaum. Es waren arabische Kinder mit um den Kopf gewickelten Tüchern und in langem Gewand, jüdische Kinder mit einem Käppchen, andere waren wohl Christen, denn ihnen hatte er Kettchen mit einem Kreuzanhänger um den Hals gemalt. Auch chinesische und afrikanische Kinder tanzten mit.

Ich packte alle Briefe wieder zusammen und machte

schnell das Licht aus. Ein bisschen schämte ich mich ja doch, dass ich die Briefe jetzt schon gelesen hatte.

Als ich am nächsten Morgen aufwachte und auf die Wanduhr schaute, bekam ich einen Riesenschreck. Es war schon neun Uhr! Um halb neun hätten wir am Flughafen sein müssen.

Ich setzte mich hastig auf, wobei mein Knie mit einem scharfen Schmerz protestierte, und rief: »Papa, Mama, wir haben verschlafen!«

Mama kam sofort zu mir herein. »Es ist schon in Ordnung, Kamal«, sagte sie. »Alles hat sich geändert. Wir haben eine viel bessere Lösung für dich gefunden.« Und Mama erzählte, dass gestern Nacht noch Ahmad und die Almanija vorbeigekommen seien. Sie hätten da erst von der geplanten Operation erfahren. Die Almanija habe dann vorgeschlagen, doch erst einmal einen Arzt in Bethlehem aufzusuchen. Durch ihre Arbeit bei der Entwicklungshilfe kenne sie einen guten Arzt, der auf solche Sachen spezialisiert sei. Und sie meinte, dass die Operation vielleicht dort gemacht werden könne, und das würde mir die lange Reise ersparen.

Mama sah sehr erleichtert aus und ich war froh, dass Papa jetzt noch länger hier bleiben konnte. Irgendwie hatte ich nämlich ein schlechtes Gewissen gehabt, dass er wegen mir jetzt schon wieder zurückfliegen musste, wo er doch zwei lange Jahre nicht mehr zu Hause gewesen war.

Drei Tage später kamen Ahmad und die Almanija wieder und berichteten, dass sie bei dem Arzt in Bethlehem für die nächste Woche einen Termin bekommen hätten. Mama war so überglücklich, dass sie die Almanija mit ihrer Umarmung beinahe erdrückt hätte.

Papas Anwesenheit ließ mir die eine Woche Wartezeit nicht allzu lang werden. Und endlich war es so weit. Obwohl Ahmad meinte, dass ich für die Untersuchung noch keine Wäsche mitzunehmen bräuchte, packte Mama mir doch vorsorglich ein paar Sachen ein. Es wäre ja möglich, dass alles ganz schnell ginge und ich gleich dableiben könnte, meinte sie.

Dann fuhren wir los. Ich lag auf der Rückbank des Autos, mein Bein auf Papas Schoß. Im Arm hatte ich eine Tüte mit den Briefen für die Reise, einigen Büchern und ein paar Süßigkeiten. Falls ich dort in das Krankenhaus käme, würde es diesmal bestimmt langweiliger werden als in Jenin, denn so weit von zu Hause würde nicht oft Besuch kommen können. Immerhin dauerte eine Fahrt nach Bethlehem drei Stunden.

Die Almanija fuhr ziemlich schnell. Das Auto holperte zwar nicht so furchtbar wie die alten Taxis, ich war aber trotzdem froh, als sie sagte, dass es nun nicht mehr lange dauern würde, bis wir da seien.

Kurz vor Bethlehem kam jedoch erst mal wieder eine Straßensperre. Wir mussten eine Weile warten, bis wir an der Reihe waren, und dann nahmen mir die Soldaten einfach meine Tüte weg! Ich war so mutig zu protestieren und sagte, dass das doch nur Bücher und Abschiedsbriefe seien, weil ich vielleicht für längere Zeit ins Krankenhaus müsse. Die Soldaten fanden das Päckchen mit den Briefen aber wohl sehr verdächtig und Papa bedeutete mir, still zu sein.

Ich war sehr traurig, dass ich die Briefe nicht noch einmal in Ruhe lesen konnte, besonders die Lebensweisheiten von Opa Luka. Aber zum Glück bekam ich wenigstens die Bücher und die Süßigkeiten zurück.

Papa war schrecklich wütend und hatte einen knallroten Kopf bekommen. Da flüsterte ich ihm ins Ohr, dass ich die Briefe schon vorher gelesen hatte.

»So, so«, meinte er leise und grinste ein bisschen. »Da hat deine Ungeduld ja wenigstens einmal ihr Gutes gehabt.« Und er zwickte mir kameradschaftlich ins Ohr.

Das Krankenhaus in Bethlehem war ganz anders, als ich es mir vorgestellt hatte. Überall liefen Nonnen herum, in schwarzen Gewändern und mit weißen Hauben auf dem Kopf. Die Almanija erklärte mir, dass das die Krankenschwestern seien. Die Türen von zwei Krankensälen standen offen und ich konnte sehen, wie überfüllt die Räume waren. Sogar auf dem Flur standen einige Betten. Die meisten Patienten waren Jugendliche und Kinder und viele hatten ähnliche Verletzungen wie ich. Es gab aber auch einige, denen ein Bein oder ein Arm fehlte oder deren Gesichter kaum mehr zu erkennen waren. Da musste ich schnell wegschauen. Obwohl ich mich, besonders nach der langen Fahrt, ziemlich elend fühlte, wurde mir klar, dass ich im Vergleich zu ihnen wirklich Glück gehabt hatte.

Ich war froh, als wir endlich bei dem Arzt drankamen. Er untersuchte mich gründlich und meinte dann, die Operation könne er ohne weiteres hier vornehmen. Da waren wir alle sehr erleichtert.

»Und wann können Sie ihn operieren?«, fragte Papa.

»Es ginge schon übermorgen«, erwiderte der Arzt und fügte mit bitterer Stimme hinzu: »Des einen Leid, des anderen Freud. Gerade eben habe ich erfahren, dass der Junge, der diesen Termin hatte, heute Morgen gestorben ist.«

Der Arzt hatte zwar leise gesprochen, aber ich hatte doch alles mitgekriegt. Mir wurde noch schlechter, als mir sowieso schon war, und Ahmad klopfte mir beruhigend auf die Schulter.

Die Operation war gut verlaufen und die Schmerzen waren auszuhalten. Als am dritten Tag ein Junge aus Nablus in unser Zimmer kam, verflog auch die schreckliche Langeweile, denn er brachte einen dicken Stapel spannender Bücher mit, die dann reihum gingen. Und natürlich bekam ich auch hin und wieder Besuch.

Drei Wochen nach der Operation brachte Papa mir eine gute Nachricht. Gerade hatte ihm der Arzt gesagt, dass ich nach Hause könne. Alles sei gut verlaufen und jetzt müsse das Knie nur noch heilen.

Der Arzt gab mir viele Anweisungen. Alle zwei Wochen sollte ich zur Nachuntersuchung kommen. Das machte mir aber gar nichts aus, denn er hatte auch gesagt, dass ich in ein paar Monaten bestimmt wieder würde laufen können, und darüber war ich sehr froh.

Nachdem Papa meine Sachen zusammengepackt hatte, überreichte er mir noch einen Brief von meiner kleinen Schwester Salwa. Sie war an dem Abend bei der Abschiedsfeier mitten im Briefschreiben eingeschlafen, aber jetzt hatte sie ihren Brief endlich fertig geschrieben und Papa mitgegeben. Sie hatte ja noch nicht wissen können, dass ich heute schon wieder nach Hause komme.

Papa wollte mich schon hochheben, ich aber bestand darauf, Salwas Brief noch hier im Krankenhausbett zu lesen, denn dafür war er doch geschrieben worden und nicht für zu Hause, wo ich bald wieder gesund sein würde.

Ich habe ein bisschen weinen müssen, als ich den Schluss ihres Briefes las: »O großer Allah, mach, dass endlich Frieden kommt, und beschütze Kamal, dass er wieder gesund zurückkommt, und auch Dschamila, dass sie aus dem Gefängnis kommt. Und mach, dass wir eines Tages wieder alle drei zusammen neben unserer Wasserquelle schwarze Maulbeeren pflücken können.«

Nachwort

Der Erzähler in diesem Roman, der palästinensische Junge Kamal, ist in einem Krisengebiet aufgewachsen, das so umstritten ist, dass es noch nicht einmal einen allseits akzeptierten Namen hat. Die einen nennen es zum Beispiel: »die von Israel besetzten Gebiete«, andere sprechen von »Rest-Palästina«.

Es handelt sich um zwei Landstriche: der eine liegt an der Ostgrenze des Staates Israel, das »Westjordanland« nennen ihn die dort lebenden Palästinenser, »Judäa und Samaria« sagen solche jüdischen Israelis, die das Gebiet gerne, so wie in biblischen Zeiten, wieder als Teil eines jüdischen Staates sähen. Im Westen, an der Grenze zu Ägypten, befindet sich der zweite Landstrich, der sogenannte Gazastreifen.

In diesen Gebieten wohnen Menschen, die sich Palästinenser nennen, denn das Land, auf dem sich heute der Staat Israel und die besetzten Gebiete befinden, hieß früher Palästina.

Palästina war nie ein unabhängiger Staat. Viele Jahrhunderte lang walteten hier fremde Mächte. Im letzten Jahrhundert waren es die Ottomanen, die von der Türkei aus den Nahen und Mittleren Osten beherrschten, im Ersten Weltkrieg haben dann die Engländer das Land eingenommen.

Als Nazi-Deutschland im Jahre 1939 so viele Staaten in den Zweiten Weltkrieg zwang und die Juden Europas in Konzentrationslagern zu vernichten begann, versuchten viele jüdische Verfolgte aus Deutschland und aus den von den Nazis besetzten Ländern nach Palästina zu gelangen. Bereits Ende des 19. Jahrhunderts war eine jüdische Befreiungsbewegung entstanden, die in der Schaffung eines eigenen Staates dort, wo die »Kinder Israels« zu biblischen Zeiten gelebt hatten – im Heiligen Land –, die beste Möglichkeit sah, Juden aus aller Welt Schutz vor Antisemitismus und Verfolgung zu bieten. In dieser Zeit litten

Juden vor allem in Russland und Polen unter schweren antijüdischen Ausschreitungen. »Zionismus« nannten die Führer der jüdischen Befreiungsbewegung ihr Programm, denn ihre Sehnsucht galt einem Leben in Frieden und Freiheit in Zion – eine Bezeichnung für Jerusalem, die Heilige Stadt für Juden, Muslime und Christen zugleich.

Ab der Machtübernahme der Nationalsozialisten in Deutschland im Jahre 1933 und während des Zweiten Weltkriegs gelangten immer mehr verfolgte Juden in das damals britisch verwaltete Palästina – oft unter sehr schwierigen Bedingungen, da die englische Verwaltung die Einreise nach Palästina streng kontrollierte. Es war zu schweren bewaffneten Spannungen zwischen eingewanderten Juden und alteingesessenen Palästinensern gekommen – Letztere fürchteten eine allmählich entstehende Vormacht der Juden im Land.

Nach dem Ende des Zweiten Weltkriegs erfuhr die ganze Welt, wie sehr das jüdische Volk unter den Nazis gelitten hatte. Sechs Millionen Juden waren ermordet worden, viele von ihnen durch Vergasung in eigens dafür eingerichteten Vernichtungslagern wie Auschwitz und Treblinka. Angesichts dieser Tragödie zeigten die Vertreter wichtiger Länder wie der Sowjetunion oder der Vereinigten Staaten volles Verständnis für den Wunsch der jüdischen Führer, einen eigenen jüdischen Staat zu besitzen, um sich in Zukunft besser schützen zu können.

Gegen den Willen der verschiedenen arabischen Staaten im Nahen und Mittleren Osten und gegen den Willen der palästinensischen Bevölkerung entschieden die Vereinten Nationen am 29. November 1947, dass das bisher von den Briten verwaltete Gebiet Palästina geteilt werden sollte: Die eine Hälfte sollte für einen jüdischen Staat, die andere für einen palästinensischen Staat genutzt werden.

Die Juden in aller Welt begrüßten diese Entscheidung und bereiteten die Gründung ihres eigenen Staates vor. Allerdings wurde die Proklamation des jüdischen Staates (am 14. Mai 1948) von den arabischen Staaten und den Palästinensern nicht einfach hingenommen. Sie akzeptierten die Entscheidung der Vereinten Nationen nicht und begannen einen Krieg gegen Israel mit dem Ziel, den neu entstandenen Staat so schnell wie möglich wieder zu beseitigen.

Die Israelis verteidigten ihren Staat allerdings nicht nur mit aller Kraft, sondern eroberten zusätzlich noch Teile des Gebietes, das von den Vereinten Nationen für die Gründung eines palästinensischen Staates vorgesehen worden war. Viele palästinensische Zivilisten waren aus dem Kriegsgebiet geflüchtet in der Hoffnung, bald wieder in ein »befreites« Palästina zurückkehren zu können. Stattdessen gehörten sie nun zu der großen Masse von palästinensischen Flüchtlingen, von denen viele noch heute in Abhängigkeit von internationalen Hilfsorganisationen leben. Denn die arabischen Nachbarstaaten Israels unternahmen trotz der ständigen Betonung der »arabischen Einheit und Solidarität« keine Anstrengungen, diese Menschen neu anzusiedeln, ihnen Starthilfen für eine neue Existenz zu geben. Trotz der verheerenden Niederlage, die sie im Krieg gegen Israel erlitten hatten, gaben sich die arabischen Länder weiterhin den Anschein, als würden sie doch noch eines Tages den jüdischen Staat »ausradieren«, wie immer wieder großspurig gedroht wurde.

Im Jahre 1967 kam es nach Drohungen von arabischer Seite gegen den Staat Israel zu einem neuen Krieg, dem »Sechs-Tage-Krieg«, in dem die israelische Armee nur sechs Tage benötigte, die restlichen Gebiete Palästinas zu erobern: das Westjordanland und den Gazastreifen. Bis heute stehen sie unter israelischer Militärverwaltung.

Noch einmal vergingen zwanzig Jahre, bis viele Palästinenser zu der Einsicht kamen, dass es keinen Sinn hat, darauf zu warten, bis eines nahen oder fernen Tages siegreiche arabische Armeen »alle Juden ins Meer werfen« würden, wie es ein arabischer Führer 1967 angekündigt hatte.

Muslimische und christliche Palästinenser auf der einen Seite wie auch die jüdischen Israelis auf der anderen Seite haben beide Interessen und Ansprüche, die sie nur im Gebiet Palästina/Israel verwirklichen können und wollen.

Ab dem Beginn der »Intifada« (arabisch: abschütteln) Ende 1987, dem Aufstand der Palästinenser gegen die israelische Militärregierung, standen sich die Hauptkontrahenten im Nahost-Konflikt erstmals gegenüber, ohne dass die anderen arabischen Nachbarstaaten mit ihren jeweils eigenen Interessen daran direkt beteiligt waren. Letztendlich waren es vor allem palästinensische Kinder und Jugendliche, die mit ihrem hartnäckigen, über Jahre andauernden Steineschmeißen die israelischen Besatzungssoldaten zermürbten. Gleichzeitig entstand in der israelischen Gesellschaft zunehmend das Gefühl, es könne besser sein, sich der besetzten Gebiete zu entledigen, die ohnehin keine Sicherheitsgarantie mehr darzustellen schienen.

Ende der 80er, Anfang der 90er Jahre kam es zunächst zu geheimen, schließlich zu offiziellen Treffen zwischen den Vertretern des israelisch-jüdischen und des palästinensischen Volkes. In den sogenannten Verträgen von Oslo wurde 1993 zwischen beiden Parteien eine schrittweise einzuleitende Autonomie der besetzten Gebiete vorgesehen, die gegenseitige Anerkennung und die Aufnahme normal-nachbarschaftlicher Beziehungen – kurz: Frieden.

Es war zu schön, um wahr zu sein. Ein fanatischer jüdischer Siedler erschoss knapp zwei Jahre später den damaligen israelischen Ministerpräsidenten und Mitunterzeichner der Verträge Jitzchak Rabin bei einer Wahlkampfveranstaltung. Dieser verkaufe das »Heilige Land« an seine Feinde, gab der Täter später zu Protokoll.

Mit Rabin starb ein gut Teil der Hoffnung auf baldige Ruhe in der Region, zumal auch die Fanatiker auf palästinensischer Seite neue Attentate gegen Juden unternahmen, um den Friedensprozess zu unterhöhlen. Wiederum verhärteten sich die Fronten. Die Friedensgespräche gerieten ins Stocken, der Abzug der israelischen Besatzungsmacht verzögerte sich, die palästinensische Führung wurde geschwächt.

Immer noch fehlt vielen Menschen in der Welt, aber ganz besonders in der Region selbst, das Verständnis für die Interessen *beider* Parteien des Konflikts, für Rechte und Interessen von Palästinensern *und* Juden. Der junge Kamal im Roman von Ghazi Abdel-Qadir ist da mit seinen Vorstellungen über die Möglichkeit eines friedlichen Miteinanders der Völker im Nahen Osten leider der Mehrheit immer noch einen großen Schritt voraus.

Susann Heenen-Wolff

Glossar

Abu: Vater von

Allah: Gott

Hadscha: weibliche Form von Hadschi

Hadschi: Ehrentitel dessen, der die Pilgerfahrt nach Mekka ausgeführt hat

Id l-Adha: muslimisches Opferfest, an dem ein Tier geschlachtet wird

Id l-Fitr: Fest des Fastenbrechens nach dem Fastenmonat

Imam: Vorbeter in einer Moschee

Intifada: arabisch »abschütteln«; Aufstand der palästinensischen Araber im Gazastreifen und Westjordanland (Westbank) gegen die israelische Besatzungsmacht, der im Dezember 1987 begann

Khdari-Feigenbaum: eine Feigenbaumart, deren Früchte auch im Reifezustand grün sind

Koran: das heilige Buch der Muslime

Kunafa: Gebäck aus Fadennudeln, Schafkäse, Butterfett und Zuckersirup

Mansaf: ein beduinisches Gericht aus Reis, Fleischstücken und einer Soße aus getrockneter Dickmilch

Moschee: Gebetshaus der Muslime

Muezzin: Rufer zum Gebet

Mufti: islamischer Rechtsgelehrter

Musakhan-Gericht: palästinensische Spezialität; mit Zwiebeln und Sumach-Gewürz gebratenes Hühnerfleisch auf Fladenbrot

Muslime: Anhänger des Islam

osmanisch: hier: aus der Zeit der osmanischen (türkischen) Herrschaft (1516–1918)

Passahfest: jüdisches Fest zum Gedenken an den Auszug aus Ägypten

Rabbiner: jüdischer Schriftgelehrter

Ramadan: Fastenmonat der Muslime, welcher sich von Jahr zu Jahr verschiebt, da er nach dem Mondjahr errechnet wird

Schekel: israelische Währungseinheit

Umm: Mutter von

Uri Orlev

Lydia, Königin von Palästina

Roman

Aus dem Hebräischen von Mirjam Pressler

Gulliver Taschenbuch (78251), 240 Seiten *ab 12*

Gesetzt nach der neuen Rechtschreibung

Lydia ist eine Nervensäge. Sie weiß, was sie will, und sie will es gleich. Sie führt private Kriege gegen alle, die sie hindern an dem, was sie möchte, egal ob Lehrer, Vater, Mutter oder »diese Frau«. Diese Frau, die ihren Vater heiraten will und schuld daran ist, dass ihre Mutter »diesen Mann« mit ins Haus bringt. Lydia lebt im Rumänien der dreißiger Jahre. Als deutsche Soldaten das Land besetzen, darf Lydia keine öffentliche Schule mehr besuchen, weil sie Jüdin ist. Schließlich schickt ihre Mutter sie mit einem Flüchtlingstransport nach Palästina und verspricht nachzukommen. Auch in der Fremde, im Kibbuz, in dem sie nun lebt und auf ihre Mutter wartet, ist Lydia überzeugt davon, dass sie alles, was sie sich wünscht, erreichen kann, wenn sie nur zäh darum kämpft.

Beltz & Gelberg
Beltz Verlag, Postfach 100154, 69441 Weinheim